# Italiano
## em 30 dias

# Italiano
## em 30 dias

Paola Frattola e
Roberta Costantino

martins fontes
selo martins

© 2008, Martins Editora Livraria Ltda., São Paulo, para a presente edição.
© 2006 by Apa Publications GmbH & Co./Berlitz Publishing. Originally published by Cheng & Tsui Company, Inc., Boston, MA., U.S.A. This abridged edition published by arrangement with Cheng & Tsui Company. All rights reserved by Cheng & Tsui Company, Inc.

Berlitz Trademark Reg. U. S. Patent Office and other countries. Marca Registrada.
Used under licence.

Todos os direitos reservados. É proibido reproduzir esta obra sem autorização prévia, ainda que parcialmente; é proibido copiá-la ou retransmiti-la por qualquer meio, seja eletrônico, mecânico (fotocópia, microfilme, registro sonoro ou visual, banco de dados ou qualquer outro sistema de reprodução ou transmissão).

| | |
|---:|:---|
| **Publisher** | Evandro Mendonça Martins Fontes |
| **Coordenação editorial** | Vanessa Faleck |
| **Produção editorial** | Polén Editorial |
| **Capa** | Renata Miyabe Ueda |
| **Tradução** | Lizandra M. Almeida |
| **Revisão técnica e de tradução** | Adriana Tommasini |
| **Revisão** | Dinarte Zorzanelli da Silva e Simone Zaccarias |
| **Produção gráfica** | Demétrio Zanin |

**Dados Internacionais de Catalogação na Publicação (CIP)**
**(Câmara Brasileira do Livro, SP, Brasil)**

Frattola, Paola
   Italiano em 30 dias: aprenda um novo idioma em apenas um mês/ Paola Frattola, Roberta Costantino; – tradução Lizandra M. Almeida. – São Paulo : Martins Fontes, 2008 . – (Coleção Aprenda em 30 dias Berlitz)

   Título original: Italian in 30 days.
   Inclui CD
   ISBN 978-85-99102-68-8

   1. Italiano - Gramática - Estudo e ensino  I. Título.

08-05777                                                    CDD-458.07

**Índices para catálogo sistemático:**
1. Italiano: Gramática: Linguística: Estudo e ensino   458.07

Todos os direitos desta edição reservados à
*Martins Editora Livraria Ltda.*
Av. Dr. Arnaldo, 2076
01255-000 São Paulo SP Brasil
Tel.: (11) 3116 0000
*info@emartinsfontes.com.br*
*www.emartinsfontes.com.br*

1ª edição Setembro de 2008 | 3ª reimpressão Novembro de 2016 | **Diagramação** A máquina de ideias
**Fonte** AGaramond | **Papel** Offset 90 g/m² | **Impressão e acabamento** Orgrafic

## Conteúdo

| | |
|---|---|
| Introdução | **11** |
| A língua italiana | **12** |
| Pronúncia italiana | **14** |

### Lição 1  **Alla stazione**  17
Na estação

*Gramática:* Presente do indicativo do verbo **essere** (ser)
■ Gênero de substantivos e adjetivos ■ Negativas
*País e cultura:* Fazendo amigos

### Lição 2  **Finalmente a casa**  23
Finalmente em casa

*Gramática:* Presente do indicativo dos verbos **stare** (ficar, permanecer) e **avere** (ter) ■ Como vai você? ■ Tipos de adjetivos ■ Perguntas (I) ■ Numerais cardinais 0–10
*País e cultura:* Fazendo uma visita

### Lição 3  **L'appartamento**  31
O apartamento

*Gramática:* Gênero e número dos substantivos
■ Artigo definido ■ Artigo indefinido
■ **c'è – ci sono** ■ Numerais cardinais 11–20
*País e cultura:* Hospitalidade

### Lição 4  **Che tipo è Alessandra?**  39
Que tipo de pessoa é Alessandra?

*Gramática:* Presente do indicativo da primeira conjugação (verbos terminados em **-are**) ■ Presente do indicativo do verbo **fare** (fazer) ■ Numerais cardinais 21–100
*País e cultura:* A família italiana

| Lição 5 | **A tavola!** | **45** |

À mesa!

*Gramática:* Presente do indicativo da segunda e terceira conjugações (verbos terminados em **-ere** e **-ire**) ▪ Numerais cardinais de 101 em diante
*País e cultura:* Buon appetito!

| **Teste 1** | | **52** |

| Lição 6 | **Una telefonata** | **54** |

Um telefonema

*Gramática:* Presente do indicativo dos verbos **dare, dire, scegliere, tenere, salire** ▪ Presente do indicativo dos verbos terminados em **-care** e **-gare** ▪ Substantivos especiais
*País e cultura:* "Pronto"!

| Lição 7 | **La famiglia Simoni** | **63** |

A família Simoni

*Gramática:* Perguntas (II) ▪ "Com que frequência?" ▪ Períodos do dia
*País e cultura:* Um filho... "e basta!"

| Lição 8 | **A Milano in giro per negozi** | **71** |

Uma volta no centro de Milão

*Gramática:* Presente do indicativo dos verbos **andare** e **venire** ▪ As preposições **in, a, di, da** ▪ Numerais ordinais
*País e cultura:* Ir às compras na Itália

| Lição 9 | **Primo giorno in ufficio** | **79** |

O primeiro dia no escritório

*Gramática:* Verbos reflexivos ▪ Os dias da semana ▪ Informando as horas
*País e cultura:* Transporte público na Itália

| Lição 10 | **La sera, in un locale** | **87** |

Uma noite em um restaurante

*Gramática:* Presente do indicativo do verbo **bere** ▪ Pronomes possessivos
*País e cultura:* Quem paga?

| Teste 2 | 96 |
|---|---|

| Lição 11 | Un fine settimana al mare | 98 |
|---|---|---|
| | Um fim de semana na praia | |

*Gramática:* Presente do indicativo do verbo **sapere** ■ Verbos modais **potere, volere, dovere** ■ Preposições + artigo definido
*País e cultura:* Férias "all'italiana"

| Lição 12 | Il lunedì in ufficio | 105 |
|---|---|---|
| | Segunda-feira no escritório | |

*Gramática:* Pretérito perfeito (I)
*País e cultura:* "Tifosi" – em todo lugar!

| Lição 13 | Lo zio d'America | 113 |
|---|---|---|
| | O tio da América | |

*Gramática:* Pretérito perfeito (II) ■ Expressões temporais ■ Meses e estações ■ Datas ■ A preposição **da**
*País e cultura:* Imigração na Itália

| Lição 14 | Al mercato rionale | 121 |
|---|---|---|
| | Na feira | |

*Gramática:* O artigo partitivo ■ O pronome **ne** ■ Pronomes oblíquos como objeto indireto ■ O verbo **piacere** ■ Quantidades
*País e cultura:* A buon mercato!

| Lição 15 | Dove andiamo stasera? | 129 |
|---|---|---|
| | Aonde vamos esta noite? | |

*Gramática:* Pronomes oblíquos como objeto direto ■ Construções no infinitivo
*País e cultura:* Indo ao cinema

| Teste 3 | 136 |
|---|---|

| Lição 16 | In macchina in città | 138 |
|---|---|---|
| | Dirigindo na cidade | |

*Gramática:* Imperativo ■ Preposições que indicam localizações
*País e cultura:* Dirigir na Itália

| Lição 17 | **Una gita a Firenze** | **147** |

Um passeio em Florença

*Gramática:* Pronomes duplos ▪ Infinitivo + pronome
▪ *ecco! – eccolo!*
*País e cultura:* Informação turística

| Lição 18 | **Una telefonata di lavoro** | **155** |

Um telefonema de negócios

*Gramática:* Pronomes no imperativo ▪ Soletrando
*País e cultura:* Ao telefone

| Lição 19 | **Davanti al televisore** | **163** |

Vendo TV

*Gramática:* O presente contínuo com *stare* + gerúndio
▪ Presente do indicativo do verbo *uscire* ▪ Negativas duplas
▪ A preposição *di*
*País e cultura:* Televisão na Itália

| Lição 20 | **Un giorno di festa** | **171** |

Um dia de festa

*Gramática:* Pretérito perfeito + pronomes ▪ Preposições *a* e *in*
*País e cultura:* Festas italianas

| **Teste 4** | | **180** |

| Lição 21 | **La nonna racconta** | **182** |

Recordações da vovó

*Gramática:* Pretérito imperfeito ▪ *mentre* (enquanto)
– *durante* (durante) ▪ Preposições relativas ao tempo
*País e cultura:* Aniversários e o dia do nome (onomástico)

| Lição 22 | **Sfilata di moda** | **189** |

Desfile de moda

*Gramática:* Comparativo e superlativo ▪ Outros comparativos irregulares ▪ Expressões comparativas ▪ Cores (adjetivos)
▪ Formas adjetivas irregulares
*País e cultura:* Moda italiana

| Lição 23 | **Una lettera** | **197** |

Uma carta

*Gramática:* Construções com **si** ■ O clima (tempo)
*País e cultura:* O clima

| Lição 24 | **In farmacia** | **205** |

Na farmácia

*Gramática:* Pronomes demonstrativos ■ O corpo
*País e cultura:* O sistema de saúde italiano

| Lição 25 | **Il corso di ginnastica** | **213** |

Aulas de ginástica

*Gramática:* Pronomes pessoais
*País e cultura:* O sistema escolar italiano

| **Teste 5** | **220** |

| Lição 26 | **Un inconveniente** | **222** |

Um inconveniente

*Gramática:* Futuro do pretérito ■ **ci** ■ **credo di sì – credo di no**
*País e cultura:* Serviços de emergência

| Lição 27 | **Lezione di cucina** | **231** |

Uma aula de culinária

*Gramática:* **ci vuole – occorre – bisogna** ■ Preposições que definem localização ■ **stare per** + infinitivo
*País e cultura:* Notas fiscais

| Lição 28 | **Un invito** | **239** |

Um convite

*Gramática:* **qualche, qualcuno, qualcosa** ■ **nessuno, niente/nulla** ■ **ognuno, ogni** ■ **tutto** ■ Expressando os sentimentos
*País e cultura:* Convites

| Lição 29 | **Valentina si sposa** | **247** |
|---|---|---|
| | Valentina vai se casar | |

*Gramática:* Futuro do presente do indicativo ■ Advérbios
*País e cultura:* Casamentos

| Lição 30 | **Progetti** | **257** |
|---|---|---|
| | Planos para o futuro | |

*Gramática:* Pronomes relativos **che, cui, il quale, la quale**
*País e cultura:* Promessas vazias?

| Respostas dos exercícios | **262** |
|---|---|
| Vocabulário | **275** |

## Introdução

*Italiano em 30 dias* é um curso de autoaprendizado que lhe permitirá, em um período curto de tempo, ter um conhecimento básico do italiano usado no dia a dia. Este livro foi desenvolvido para familiarizar o aluno com as principais estruturas gramaticais do italiano e oferecer um bom domínio do vocabulário essencial para se comunicar. Em 30 lições, você vai desenvolver um entendimento da língua, tanto para compreensão quanto para comunicar-se, que vai torná-lo capaz de participar efetivamente das atividades diárias de países de língua italiana.

Cada uma das 30 lições segue o mesmo modelo: primeiro, há um pequeno texto em italiano -- normalmente um diálogo -- depois uma seção dedicada à gramática, seguida de exercícios que o ajudarão a consolidar o conhecimento já adquirido.
Ao final de cada lição você encontrará uma lista de vocabulário e pequenos textos informativos sobre o cotidiano dos italianos.
Cada lição é um episódio de uma história centrada em situações típicas do dia a dia. Os testes, conjuntamente com as respostas dos exercícios no final do livro, permitirão que você acompanhe seu progresso no aprendizado.

O CD traz todos os diálogos em língua italiana presentes no livro. Da lição 1 até a 10, os diálogos são reproduzidos duas vezes, a primeira de maneira rápida e fluente, para que você se acostume a ouvir o italiano falado no dia a dia, e uma segunda vez, mais devagar e de forma mais clara, para que você possa repetir e praticar as frases. A partir da lição 11 você já terá conhecimento suficiente para acompanhar o texto em italiano, que agora será reproduzido somente uma vez, na velocidade corrente da linguagem.

A autora e os editores desejam a você muito sucesso nesse curso e esperam que você se divirta ao estudar.

## A língua italiana

O italiano surgiu do latim, como o francês, o espanhol, o português e o romeno. O que é conhecido hoje como o italiano corrente remonta ao tempo em que o grande escritor Alessandro Manzoni (1785-1873) estabeleceu uma língua nacional unificada, basicamente o italiano falado na Toscana, com grandes contribuições dos dialetos falados em outras regiões do país.

A língua falada e escrita na Toscana foi privilegiada com relação às outras formas regionais por causa da proeminência política, artística e social de Florença, que vinha desde o século XII e perdurou na época de Manzoni.

Aproximadamente 64 milhões de pessoas falam italiano no mundo. Estes são os países que adotam o italiano como idioma (os números são aproximados):

Itália (**Italia**)

O italiano é a língua oficial, falada por quase toda a população (59 milhões). Outras línguas: sardo na Sardenha (1,5 milhão); reto-românico no Friul, perto da fronteira com a Eslovênia e a Áustria.

Suíça (**Svizzera**)

O italiano é uma das quatro línguas oficiais, falado por aproximadamente 800 mil pessoas no sul, particularmente no distrito de Ticino. Outras línguas: alemão no norte (5 milhões); francês no oeste (1,3 milhão); românico no leste (50 mil).

O italiano também é falado em grandes comunidades de imigrantes italianos, particularmente nos Estados Unidos (**Stati Uniti**), com quase 1,5 milhão de falantes, e no Canadá (**Canada**), onde há mais de 500 mil descendentes.

O alfabeto italiano é o mesmo do português, com variações de acentuação que indicam a tônica (veja a seguir). Contudo, as letras **j**, **k**, **w**, **x** e **y** só aparecem em palavras estrangeiras.

O português absorveu várias palavras italianas, como por exemplo: barroco, soneto, bandido, camarim, assim como termos usados na culinária (brócolis, pizza, espaguete) e na música (concerto, piano, solo, trio, viola).

## *Pronúncia italiana*

### CONSOANTES

| Letra | Pronúncia aproximada | Exemplo |
|---|---|---|
| c | 1. antes de **e** e **i**, como *tch* em *tchau* <br> 2. nos outros, como *c* em *caramujo* | **c**erco <br> **c**onto |
| ch | como *q* em *questão* | **ch**e |
| g | 1. antes de **e** e **i** como *dj* em *adjudicação* <br> 2. de resto, como *g* de *gato* | **g**elato <br> re**g**alo |
| gh | como *gu* em *guia* | **gh**iaccio |
| gl | como *lh* em *milho* | **g**li |
| gn | como *nh* em *ganho* | ba**gn**o |
| h | sempre mudo | **h**ábito |
| r | como *r* em *marido* | de**r**iva |
| s | 1. em final de sílaba, como na pronúncia paulista de *pasta* <br> 2. muitas vezes como *z* em *visão* | que**s**to <br> vi**s**o |
| sc | 1. antes de **e** e **i** como *c* em *chinelo* <br> 2. de resto, como *sc* em *escapar* | u**sc**ita <br> **sc**arpa |
| z/zz | 1. usualmente como *zz* em *pizza* <br> 2. outras vezes como *dz* em *dzeta* [sexta letra do alfabeto grego] | gra**z**ie <br> roman**z**o |

**b**, **d**, **f**, **k**, **l**, **m**, **n**, **p**, **q**, **t** e **v** são pronunciados como em português.

### VOGAIS

| Letra | Pronúncia aproximada | Exemplo |
|---|---|---|
| a | 1. curto como *a* de *ato* <br> 2. longo como *f* em *faca* | g**a**tto <br> c**a**sa |

| | | |
|---|---|---|
| e | 1. podendo também ser pronunciada como *e* em *cera* | s**e**ra |
| | 2. na fala correta às vezes pronunciada como *e* em *elo* | b**e**llo |
| i | como *i* em *vinícola* | v**i**ni |
| o | pode ser pronunciado como *o* em *gol* | s**o**le |
| u | como *u* em *fumo* | f**u**mo |

## EM SONS COMBINADOS DE DUAS OU MAIS VOGAIS

Em grupos de vogais, **a**, **e**, **o** são fortes, e **i** e **u** são fracos. As seguintes combinações ocorrem:

| | | |
|---|---|---|
| duas vogais fortes | pronunciadas como duas sílabas separadas | b**ea**to |
| uma vogal forte e uma fraca | 1. a vogal fraca é pronunciada mais rapidamente e com menos ênfase do que a forte; tais sons são ditongos e constituem uma única sílaba | p**ie**de |
| | 2. se a vogal fraca for enfatizada, é pronunciada como uma sílaba separada | d**ue** |
| duas vogais fracas | pronunciadas como ditongo; é a segunda que tem acentuação mais forte | g**ui**da |

## SÍLABA TÔNICA

Em geral, a vogal da penúltima sílaba é enfatizada. Quando a ênfase recai sobre a vogal final, esta recebe um acento como a crase (**caffè**). Normalmente, quando a sílaba tônica recai sobre a penúltima sílaba, ela não é acentuada.

## Pronúncia do alfabeto italiano

| | | | |
|---|---|---|---|
| A | a | N | enne |
| B | bi | O | o |
| C | ci | P | pi |
| D | di | Q | qu |
| E | e | R | erre |
| F | effe | S | esse |
| G | gi | T | ti |
| H | acca | U | u |
| I | i | V | vu |
| J | i lunga | W | vu doppia |
| K | cappa | X | ics |
| L | elle | Y | i greca (ipsilon) |
| M | emme | Z | zeta |

LIÇÃO 1

## Alla stazione

| | |
|---|---|
| *Piera:* | Scusi, Lei è Alessandra Jansen? |
| *Persona:* | No, mi dispiace, sono Silvia Lagosta. |
| *Paolo:* | Forse questa è Alessandra... |
| *Piera:* | Ma no, Alessandra è bionda. |
| *Valentina:* | Mamma, ecco Alessandra, la ragazza con la valigia. |
| *Piera:* | Alessandra, Alessandra! Siamo qui! Ciao, cara! |
| *Alessandra:* | Buongiorno, signora Simoni. |
| *Piera:* | Benvenuta a Milano, cara, tutto bene? |
| *Alessandra:* | Sì, tutto bene, grazie, ma sono un po' stanca per il viaggio. Questo è Stefano, vero? |
| *Piera:* | No, questo non è Stefano, questo è Paolo, un amico di Valentina. Stefano è a casa, con la nonna. |
| *Alessandra:* | E questa è Valentina! |
| *Valentina:* | Giusto, io sono Valentina, piacere, Alessandra. |
| *Alessandra:* | Piacere. |
| *Piera:* | Ora andiamo, Alessandra è molto stanca, poverina, il viaggio è così lungo. Andiamo, andiamo! |

DICIASSETTE 17

# Lição 1 — Diálogo, gramática

## Na estação

| | |
|---|---|
| *Piera:* | Perdão, você é Alessandra Jansen? |
| *Moça:* | Não, desculpe-me, sou Silvia Lagosta. |
| *Paolo:* | Talvez aquela seja Alessandra... |
| *Piera:* | Com certeza, não. Alessandra é loira. |
| *Valentina:* | Mãe, lá está Alessandra! A garota com a mala! |
| *Piera:* | Alessandra, Alessandra! Aqui! Olá, querida! |
| *Alessandra:* | Olá, Senhora Simoni. |
| *Piera:* | Bem-vinda a Milão, querida, está tudo bem? |
| *Alessandra:* | Sim, tudo bem, obrigada. Estou só um pouco cansada da viagem. Este é Stefano, certo? |
| *Piera:* | Não, este não é Stefano, é Paolo, um amigo de Valentina. Stefano está em casa com a avó. |
| *Alessandra:* | E esta é Valentina! |
| *Valentina:* | Certo, sou Valentina. Prazer em conhecê-la, Alessandra. |
| *Alessandra:* | O prazer é meu. |
| *Piera:* | Então, vamos. Alessandra está muito cansada, pobrezinha. A viagem foi muito longa. Vamos, vamos! |

### *essere* (ser)

| | | |
|---|---|---|
| io | **sono** | (eu sou) |
| tu | **sei** | (tu és) |
| lui, lei, Lei | **è** | (ele, ela é; você [formal] é) |
| noi | **siamo** | (nós somos) |
| voi | **siete** | (vós sois) |
| loro | **sono** | (eles são) |

No italiano, os verbos são usados com frequência sem o pronome pessoal (*io, tu, lui* etc.):
Sono stanco (Estou cansado).

■ **Lei** = É o modo formal usado para homens e mulheres. A flexão verbal correspondente é a da terceira pessoa do singular: Lei è molto gentile. (Você [o senhor, a senhora] é muito gentil.)

Gramática, exercício | Lição 1

## Gênero de substantivos e adjetivos

O italiano tem dois gêneros gramaticais: masculino e feminino. Eles são facilmente identificados pelas terminações:

Quest**o** è Paol**o**.  **terminado em -o** = masculino plural **-i**
Quest**a** è Valentin**a**. **terminado em -a** = feminino plural **-e**

A mesma regra se aplica a vários adjetivos:
Alessandra è biond**a**.  Alessandra e Valentina sono biond**e**.
Stefano è biond**o**.  Stefano e Paolo sono biond**i**.

## Negativas

Como regra, a negativa **non** precede imediatamente o verbo.

Questo **non** è Stefano.

**Exercício 1**

Você pode separar isto em palavras individuais?

1. Valentinaèacasaconlanonna.
2. PaoloèunamicodiValentina.
3. NomidispiacenonsonoAlessandrosono Silvia.
4. Alessandraèlaragazzabiondaconlavaligia.
5. QuestononèPaoloquestoèStefano.

**Exercício 2**

Quais as partes que se completam?

1. Questa è
2. Il viaggio
3. Piera non
4. Questo
5. Scusi,

a è stanca.
b non è Stefano.
c Lei è Silvia Lagosta?
d Alessandra.
e è lungo.

DICIANNOVE **19**

Lição 1 Exercício

## Exercício 3

**Organize as sentenças.**

1. Lei è – Scusi, – sono – mi dispiace, – Marina Valenti? – No, – Stefania De Vito

   ..................................................
   ..................................................

2. Stefano, – un amico – Questo – di – No – vero? – è – è – questo – Paolo, – Valentina

   ..................................................
   ..................................................

3. è – per il viaggio – Alessandra – un po' stanca

   ..................................................
   ..................................................

4. ragazza bionda – con – Alessandra – è – la – la valigia

   ..................................................
   ..................................................

5. ma a casa – non è alla – nonna – stazione – con la – Stefano

   ..................................................
   ..................................................

## Exercício 4

**Complete com a forma correta do verbo *essere*.**

1. Questa .............. Valentina.

2. La mamma .............. stanca.

3. (Noi) .............. alla stazione.

4. Paolo e Marco .............. a scuola.

5. Il viaggio .............. lungo.

6. Voi .............. biondi.

7. Stefano e Paolo .............. a casa.

Exercício  Lição 1

## Exercício 5

**Coloque as sentenças do exercício 4 na forma negativa.**

1. ........................................
2. ........................................
3. ........................................
4. ........................................
5. ........................................
6. ........................................
7. ........................................

## Exercício 6

**Complete os espaços.**

Alessandra ............ (1) la ragazza con ............. (2) valigia. Lei è ............. (3) per il ............. (4).

Valentina: Ciao, Alessandra, ............. (5) a Milano!

Alessandra: (6)............. Valentina.

Valentina: Tutto ............. (7)?

Alessandra: Sì, ............. (8), tutto bene.

Valentina: ............. (9) un po' stanca?

Alessandra: Sì, sono ............. (10) stanca.

............. (11) è Sandro?

Valentina: No, questo non ............. (12) Sandro,

............. (13) ............. (14) Stefano.

Alessandra: ............. (15)

Stefano: ............. (16).

# Lição 1 — Vocabulário, país e cultura

## Vocabulário

|  |  |
|---|---|
| a casa | em casa |
| alla stazione | na estação |
| amico *m* | amigo (homem) |
| andiamo | vamos |
| benvenuto | bem-vindo |
| biondo | loiro |
| buongiorno | bom dia, olá |
| caro | querido |
| casa *f* | casa, apartamento |
| ciao | olá, tchau |
| con | com |
| così | assim |
| di | de |
| ecco | aqui/lá está |
| essere | ser |
| forse | talvez |
| gentile | gentil, amável |
| giusto | correto, certo |
| grazie | obrigada/o |
| lungo | longo |
| ma | mas |
| mamma *f* | mãe, mamãe |
| mi dispiace | desculpe-me |
| molto | muito |
| no | não |
| non | não |
| nonna *f* | avó, vovó |
| ora | agora |
| per il viaggio | por causa da viagem |
| piacere | é um prazer conhecer você |
| poverino | pobrezinho |
| questo/questa | este, esta |
| qui | aqui |
| ragazza *f* | garota |
| scuola *f* | escola |
| scusi | perdão |
| sì | sim |
| signora *f* | senhora |
| stanco | cansado |
| stazione *f* | estação de trem |
| tutto bene | tudo bem |
| un po' | um pouco |
| valigia *f* | mala |
| vero | verdade |
| viaggio *m* | viagem |

## Fazendo amigos

Os italianos mudam rapidamente do formal você, **Lei** (singular) ou **Loro** (plural), para o informal **tu** (singular) ou **voi** (plural). Estes são geralmente usados com amigos íntimos, parentes e crianças, ou entre os jovens.

O abraço e o beijo na face são costumes comuns para saudar e cumprimentar. Com estranhos, o mais usado é o aperto de mão, tanto no início de um encontro quanto na despedida.

*Ciao!* é uma expressão informal que significa tanto "olá" quanto "tchau".

# Finalmente a casa

## 2

| | |
|---|---|
| *Piera:* | Finalmente a casa!<br>Dov'è Stefano? Stefano, Stefano! |
| *Stefano:* | Sono qui, mamma. Ciao Alessandra. |
| *Alessandra:* | Ciao Stefano, come stai? |
| *Stefano:* | Bene, grazie, e tu? |
| *Alessandra:* | Non c'è male, grazie. |
| *Carlotta:* | Buongiorno. |
| *Piera:* | Questa è Carlotta, la nonna di Valentina e Stefano, e questa è Alessandra. |

| | |
|---|---|
| *Carlotta:* | Come? |
| *Piera:* | Questa è Alessandra |
| *Alessandra:* | Piacere, signora Carlotta. |
| *Carlotta:* | Piacere, Alessandra, e benvenuta. Come sta la mamma? |
| *Alessandra:* | Sta molto bene, grazie. |
| *Piera:* | La nonna è vecchia e un po' sorda. |
| *(sottovoce)* | Ha già 83 (ottantatré) anni... |
| *Carlotta:* | Non ancora 83. |
| *Piera:* | Ah, sì, è vero. Per 5 (cinque) settimane ancora 82 (ottantadue). |
| *Carlotta:* | E non sono sorda. |

## Finalmente em casa

| | |
|---|---|
| *Piera:* | Finalmente em casa! Onde está Stefano? Stefano, Stefano! |
| *Stefano:* | Estou aqui, mãe. Olá, Alessandra. |
| *Alessandra:* | Oi, Stefano, como vai você? |
| *Stefano:* | Bem, obrigado, e você? |
| *Alessandra:* | Nada mal, obrigada. |
| *Carlotta:* | Olá. |
| *Piera:* | Esta é Carlotta, a avó de Valentina e Stefano. E esta é Alessandra. |
| *Carlotta:* | Hein? Como é? |
| *Piera:* | Esta é Alessandra. |
| *Alessandra:* | É um prazer conhecê-la, Dona Carlotta. |
| *Carlotta:* | O prazer é meu, Alessandra, bem-vinda. Como está sua mãe? |
| *Alessandra:* | Está bem, obrigada. |
| *Piera:* (*à meia-voz*) | A vovó é velha e um pouco surda. Ela tem 83 anos... |
| *Carlotta:* | Ainda não tenho 83. |
| *Piera:* (*à meia-voz*) | Ah, sim, é verdade. Nas próximas cinco semanas ainda terá 82. |
| *Carlotta:* | E eu não sou surda. |

| **stare** | **(ficar, permanecer)** |
|---|---|
| io | *sto* |
| tu | *stai* |
| lui, lei, Lei | *sta* |
| noi | *stiamo* |
| voi | *state* |
| loro | *stanno* |

Gramática — Lição 2

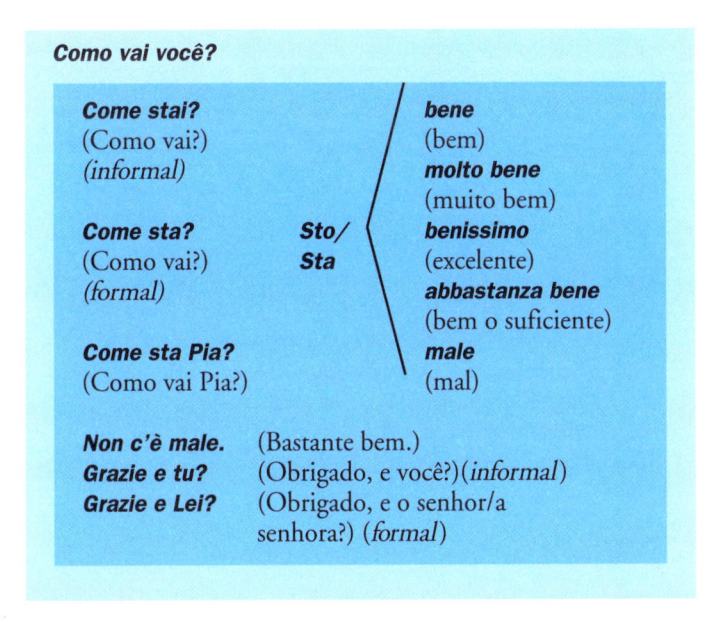

**Como vai você?**

| | | |
|---|---|---|
| **Come stai?** (Como vai?) *(informal)* | | **bene** (bem) |
| | | **molto bene** (muito bem) |
| **Come sta?** (Como vai?) *(formal)* | **Sto/ Sta** | **benissimo** (excelente) |
| | | **abbastanza bene** (bem o suficiente) |
| **Come sta Pia?** (Como vai Pia?) | | **male** (mal) |

**Non c'è male.** (Bastante bem.)
**Grazie e tu?** (Obrigado, e você?)(*informal*)
**Grazie e Lei?** (Obrigado, e o senhor/a senhora?) (*formal*)

| *avere* | *(ter)* |
|---|---|
| io | *ho* |
| tu | *hai* |
| lui, lei, Lei | *ha* |
| noi | *abbiamo* |
| voi | *avete* |
| loro | *hanno* |

■ Usos: *avere* fame (estar com fome); *avere* sete (estar com sede); *avere* nove anni (ter 9 anos de idade).

Lição 2 — Gramática, exercício

### Adjetivo

Há dois tipos de adjetivo em italiano:
1.
*masculino:* **terminado em** *singular* **-o** *plural* **-i**
*feminino:* **terminado em** *singular* **-a** *plural* **-e**
  Marco è italian**o** – Marco e Sandro sono italian**i**.
  Maria è italian**a** – Maria e Sandra sono italian**e**.
**Mas:** Marco e Maria sono italian**i**.
2.
*Adjetivos masculinos* e *femininos* **terminados em -e** no singular apresentam final **-i** no *plural*.
Marc è frances**e**. Stephanie è frances**e**.
Marc e Pierre sono frances**i**.
Stephanie e Amelie sono frances**i**.

### Perguntas (I)

Perguntar é simples. Basta pronunciar a sentença afirmativa com entonação ascendente no final:
**Afirmação:** *Valentina è italiana.* (Valentina é italiana.)
**Pergunta:** *Valentina è italiana?* (Valentina é italiana?)

---

**Exercício 1**

**Complete com a forma correta do verbo *stare*.**

1. Buongiorno, signora Lagosta, come ..............?
2. Ciao Marco, come ..............?
3. (Io) .............. bene grazie, e tu?
4. Come .............. Valentina?
5. La mamma .............. bene, grazie.
6. Marco e Paolo .............. molto bene.

Exercício · Lição 2

7. Come .............. ? Stiamo bene, grazie.

8. Marco non .............. molto bene oggi.

---

**Quais as partes que se completam?**

1. Come sta
2. La nonna
3. Carlotta è
4. Come
5. Sandra e Guido
6. Scusi,

a stanno molto bene.
b la nonna di Stefano.
c stai?
d Lei è Teresa Rossi?
e Silvia?
f sta benissimo.

*Exercício 2*

---

**Entre as frases ao lado, quais estão no modo formal e quais estão no informal?**

1. Come stai?
2. E Lei?
3. Buonasera.
4. Ciao, Marco.
5. Come sta?
6. Sto bene, grazie, e tu?
7. Non c'è male, grazie, e Lei?

Formal: ..............   Informal: ..............

*Exercício 3*

---

**Complete com a forma correta do verbo *avere*.**

1. Marco .............. un amico a Berlino.
2. Ingrid .............. una figlia.
3. La nonna .............. 82 anni.
4. Marco e Paolo .............. una casa a Roma.
5. (Tu) Non .............. una valigia?

*Exercício 4*

Lição 2 — Exercício

## Exercício 5

**Responda às questões usando as palavras entre parênteses.**

1. Come stai?
   ..........................................
   (bene)
2. Dov'è Stefano?
   ..........................................
   (casa – nonna)
3. Questo è Marco?
   ..........................................
   (No – Paolo)
4. Sei stanca?
   ..........................................
   (Sì – molto)
5. Valentina è tedesca?
   ..........................................
   (No)

## Exercício 6

**Qual palavra está fora de contexto?**

1. buongiorno – ciao – come – buonasera
2. nonna – figlia – sorda – mamma
3. valigia – stazione – viaggio – anni

## Exercício 7

**Conecte cada adjetivo ao país respectivo.**

1. inglese         a Svizzera
2. francese        b Svezia
3. italiano        c Inghilterra
4. spagnolo        d Germania
5. tedesco         e Francia
6. svizzero        f Italia
7. giapponese      g Spagna
8. svedese         h Giappone

Exercício, vocabulário — Lição 2

**Exercício 8**

**Empregue o adjetivo correto. Atenção às terminações!**

Marco è ................ (1) (Italia). Lui ha molti amici:
John è ............... (2) (Inghilterra), Bernhard è ........................................ (3) (Svizzera), Valentina è ............................. (4) (Italia), Anna e Teresa sono .............. (5)(Spagna), Hotohico è ...................... (6) (Giappone) e Simone, Pierre e Janine sono .............. (7) (Francia).

**Numerais cardinais (0 – 10)**

| 0 zero | 3 tre | 6 sei | 9 nove |
|---|---|---|---|
| 1 uno | 4 quattro | 7 sette | 10 dieci |
| 2 due | 5 cinque | 8 otto | |

**Vocabulário**

| | |
|---|---|
| **abbastanza** | suficiente, o bastante |
| **ancora** | ainda |
| **anno** *m* | ano |
| **avanti** | entre |
| **avere** | ter/haver |
| **bene** | bem |
| **benissimo** | excelente |
| **buonasera** | boa tarde |
| **come** | como |
| **Come stai/sta?** | Como vai? (informal/formal) |
| **dove** | onde |
| **e** | e |
| **fame** *f* | fome |
| **figlia** *f* | filha |
| **finalmente** | finalmente |
| **francese** | francês |
| **già** | já |
| **giapponese** | japonês |
| **ha 83 anni** | ele/ela tem 83 anos |
| **inglese** | inglês |
| **italiano** | italiano |
| **male** | mal |
| **non ancora** | ainda não |
| **non c'è male** | nada mal/ bastante bem |
| **oggi** | hoje |
| **Permesso?** | Posso? |
| **sete** *f* | sede |
| **settimana** *f* | semana |
| **sordo** | surdo |
| **sottovoce** | à meia-voz |
| **spagnolo** | espanhol |

| | | | |
|---|---|---|---|
| **stare** | ficar, permanecer | **svizzero** | suíço |
| | | **tedesco** | alemão |
| **svedese** | sueco | **vecchio** | velho |

> ### *Fazendo uma visita*
>
> Antes de entrar na casa ou no apartamento de alguém, você deve perguntar **Permesso** ou **È permesso?** (Posso?). Espere um gentil **Avanti** (Entre) como resposta. E você não deve abrir um guarda-chuva em casa alheia. Dizem que isso traz má sorte.

# L'appartamento

*Alessandra:* Complimenti! Avete una casa molto bella.
*Piera:* Sì, è grande, ma c'è sempre molto lavoro.
*Alessandra:* Questa è la camera di Valentina?
*Piera:* Sì e qui, a destra, c'è la camera di Stefano.
*Alessandra:* Dov'è la cucina?
*Piera:* La cucina è qui in fondo. Hai fame, Alessandra?
*Alessandra:* No, grazie, non ancora.
*Piera:* Se hai sete, il frigorifero è sempre pieno: coca-cola, aranciata, tè freddo…

*Alessandra:* Grazie, signora Simoni, Lei è davvero molto gentile.
*Piera:* Poi qui a destra c'è il soggiorno, con la televisione. E qui a sinistra c'è la tua camera da letto, Alessandra.
*Alessandra:* Oh, che carina!
*Piera:* Poi ci sono due bagni e…

## O apartamento

*Alessandra:* Meus parabéns! Você tem uma casa maravilhosa.
*Piera:* Sim, é grande, mas dá muito trabalho.
*Alessandra:* Este é o quarto da Valentina?
*Piera:* Sim, e aqui, à esquerda, é o quarto do Stefano.
*Alessandra:* Onde é a cozinha?
*Piera:* A cozinha é nos fundos. Você está com fome, Alessandra?
*Alessandra:* Não, obrigada, ainda não.
*Piera:* Se estiver com sede, a geladeira está sempre abastecida: coca-cola, laranjada, chá gelado...
*Alessandra:* Obrigada, Sra. Simoni, é muito gentil de sua parte.
*Piera:* Aqui à direita está a sala de estar, com a TV. E aqui, à esquerda, é seu quarto, Alessandra.
*Alessandra:* Oh, que graça!
*Piera:* Em seguida há dois banheiros e...

### Substantivos

Como já foi mostrado, os substantivos terminados em **-o** são masculinos e os terminados em **-a** são femininos. Mas há ainda um terceiro grupo, dos substantivos terminados em **-e**. Estes podem ser tanto masculinos quanto femininos. O plural termina em **-i**. Exemplo:

**padre** (pai) = **terminado em -e** = *masculino* plural: **padri**

**madre** (mãe) = **terminado em -e** = *feminino* plural: **madri**

# Gramática — Lição 3

## Artigo definido

| masculino | | feminino | |
|---|---|---|---|
| singular | plural | singular | plural |
| **il** | **i** | **la** | **le** |
| **il tavolo** | **i tavoli** | **la casa** | **le case** |
| (a mesa) | (as mesas) | (a casa) | (as casas) |

■ **Exceções:**

Palavras que começam com **vogal** ou com **h** levam o artigo **l'** (masculino e feminino), e no plural, **gli** (masculino) e **le** (feminino).

Palavras que iniciam com **z, s + consoante, ps** ou **gn** levam o artigo **lo** (plural **gli**) no masculino e, no feminino, **la – le**.

| masculino | | feminino | |
|---|---|---|---|
| singular | plural | singular | plural |
| **l'appartamento** | **gli appartamenti** | **l'idea** | **le idee** |
| **lo spagnolo** | **gli spagnoli** | **la spagnola** | **le spagnole** |
| **lo zio** | **gli zii** | **la zia** | **le zie** |

## Artigo indefinido

| masculino | feminino |
|---|---|
| **un** | **una** |
| **un tavolo** | **una casa** |
| (uma mesa) | (uma casa) |

■ **Exceções:**

Substantivos femininos que começam com **vogal** ou **h** são precedidos de **un'**, enquanto **un** antecede os masculinos. Substantivos masculinos começados com **z, s + consoante, ps** ou **gn** são precedidos de **uno**, e os femininos, de **una**:

**un appartamento, un'idea, uno spagnolo,
una spagnola, uno zio, una zia.**

# Lição 3 — Gramática, exercício

> **c'è... / ci sono ...** (há, existe/existem)
>
> | C'è | un bagno | Ci sono | due bagni |
> |---|---|---|---|
> | | una casa | | tre case |
> | | una signora | | due signore |

**Exercício 1**

**Masculino ou feminino?**
Complete com a forma correta do artigo definido e passe para o plural.

*singular* — *plural*

1. ....... porta — ...............................
2. ....... letto — ...............................
3. ....... quadro — ...............................
4. ....... sedia — ...............................
5. ....... poltrona — ...............................
6. ....... tappeto — ...............................
7. ....... tavola — ...............................

Você consegue adivinhar o significado dos substantivos acima? Associe o termo em italiano a seu correspondente em português.

porta – cama – poltrona – tapete – quadro – cadeira – mesa

Exercício                                                            Lição 3

**Esta é uma versão mais capciosa do exercício 1.**
Consulte a seção de vocabulário se precisar de ajuda.

*singular*            *plural*

1. ....... chiave         ................................
2. ....... bicchiere      ................................
3. ....... televisione    ................................
4. ....... giornale       ................................
5. ....... madre          ................................
6. ....... padre          ................................

TV – copo – pai – jornal – mãe – chave

*Exercício 2*

---

**Complete com o artigo correto.**

*il, l'* ou *lo*?
1. ....... armadio
2. ....... bagno
3. ....... hotel
4. ....... treno
5. ....... appartamento
6. ....... svedese

*la* ou *l'*?
7. ....... camera
8. ....... amica
9. ....... zia
10. ....... stazione
11. ....... anitra
12. ....... fame

*Exercício 3*

---

**Coloque o artigo indefinido.**

1. ....... bagno
2. ....... camera
3. ....... cucina
4. ....... amico
5. ....... spagnolo
6. ....... zio
7. ....... stazione
8. ....... amica
9. ....... hotel
10. ....... aranciata
11. ....... treno
12. ....... frigorifero

*Exercício 4*

TRENTACINQUE  **35**

# Lição 3 — Exercício

## Exercício 5

**Descreva este cômodo com suas próprias palavras.**

C'è ................................................................................................
................................................................................................
................................................................................................
................................................................................................
................................................................................................

Ci sono ................................................................................................
................................................................................................
................................................................................................
................................................................................................
................................................................................................

Exercício  Lição 3

**Forme sentenças curtas com as palavras listadas em cada linha e o verbo *essere*.**
Preste muita atenção às terminações dos adjetivos.

1. frigorifero – pieno

...........................................................................................................

2. camera – di Valentina – non – grande

...........................................................................................................

3. casa – Simona – bello

...........................................................................................................

4. Marco – gentile

...........................................................................................................

5. zia – Valentina – gentile

...........................................................................................................

6. Alessandra – tedesco – biondo

...........................................................................................................

7. stazione – grande

...........................................................................................................

8. appartamenti – grande

...........................................................................................................

*Exercício 6*

**Numerais cardinais (11 – 20)**

| 11 undici | 14 quattordici | 17 diciassette | 20 venti |
|---|---|---|---|
| 12 dodici | 15 quindici | 18 diciotto | |
| 13 tredici | 16 sedici | 19 diciannove | |

## Vocabulário

| | | | |
|---|---|---|---|
| **a destra** | à direita | **idea** f | ideia |
| **a sinistra** | à esquerda | **in fondo** | nos fundos, no final |
| **amica** f | amiga | | |
| **appartamento** m | apartamento | **lavoro** m | trabalho |
| **aranciata** f | laranjada | **letto** m | cama, leito |
| **armadio** m | guarda-roupas, armário | **madre** f | mãe |
| | | **padre** m | pai |
| **bagno** m | banheiro | **pieno** | cheio |
| **bello** | bonito | **poi** | em seguida |
| **bicchiere** m | copo | **poltrona** f | poltrona |
| **c'è/ci sono** | tem/há | **porta** f | porta |
| **camera** f | sala | **quadro** m | quadro |
| **camera da letto** f | quarto | **se** | se |
| | | **sedia** f | cadeira |
| **Che carino!** | Que graça! | **sempre** | sempre |
| **chiave** f | chave | **soggiorno** m | sala de estar |
| **Complimenti!** | Parabéns! | **tappeto** m | tapete |
| **complimento** m | cumprimento | **tavolo** m | mesa |
| **cucina** f | cozinha | **tè** m | chá |
| **davvero** | realmente | **televisione** f | TV |
| **freddo** | frio | **treno** m | trem |
| **frigorifero** m | geladeira | **tuo** | seu |
| **giornale** m | jornal | **zia** f | tia |
| **grande** | grande | **zio** m | tio |
| **hotel** m | hotel | | |

### Hospitalidade

A hospitalidade italiana é bem conhecida, não por acaso. Hóspedes e amigos geralmente desfrutam de refeições abundantes, com muitos pratos, e tudo é preparado para que eles se sintam bem-vindos. Os italianos adoram conversar. Por isso, uma refeição pode durar horas e horas. Em troca, espera-se que os visitantes retribuam a hospitalidade aprovando a boa comida, apreciando a casa, a decoração etc. O modo italiano de elogiar costuma ser efusivo e muito emotivo.

## Che tipo è Alessandra?

LIÇÃO 4

Alessandra è molto gentile e simpatica. Ora lei abita a Milano, ma solo per tre mesi, per lavoro. Alessandra è molto sportiva: gioca a tennis e a pallavolo e fa joga. Suona anche il pianoforte, ma non molto bene. Qualche volta guarda la televisione: lo sport e molti film. E poi ama la natura: quando ha tempo fa lunghe passeggiate.
E naturalmente ama anche gli animali, soprattutto i gatti. Parla inglese, francese, italiano e tedesco. Per questo viaggia molto per lavoro: spesso è a Parigi, a Londra e a Milano. Alessandra mangia volentieri la pizza e i dolci, ma quando fa la dieta mangia solo insalata.

### Que tipo de pessoa é Alessandra?

Alessandra é muito gentil e simpática. Atualmente, mora em Milão, mas somente por três meses, a trabalho. Ela gosta muito de praticar esportes: joga tênis e vôlei, além de fazer ioga. Também toca piano, mas não muito bem. E assiste à TV ocasionalmente: programas

# Lição 4 — Diálogo, gramática

esportivos e filmes. Além disso, Alessandra ama a natureza: quando tem tempo, faz longas caminhadas. Naturalmente, também adora os animais, sobretudo os gatos. Ela fala inglês, francês, italiano e alemão. Por isso, viaja muito a trabalho; com frequência está em Paris, Londres e Milão. Alessandra gosta de comer pizza e doces, mas, quando está de dieta, só come salada.

## Conjugações

O italiano tem três conjugações. Cada um desses grupos tem uma terminação diferente no infinitivo:

| 1ª conjugação | 2ª conjugação | 3ª conjugação |
|---|---|---|
| -are | -ere | -ire |

## 1ª conjugação – presente do indicativo

**1ª -are**
**parlare** *(falar)*

| | |
|---|---|
| io | parlo |
| tu | parli |
| lui, lei, Lei | parla |
| noi | parliamo |
| voi | parlate |
| loro | parlano |

Outros verbos pertencentes a este grupo de conjugação são *lavorare, abitare, mangiare, viaggiare, guardare, amare...*

Gramática, exercício — Lição 4

| fare | (fazer) | |
|---|---|---|
| io | faccio | noi facciamo |
| tu | fai | voi fate |
| lui, lei, Lei | fa | loro fanno |

■ **Fare** é um verbo com muitas utilidades. É importante familiarizar-se com suas diferentes formas porque elas podem ser empregadas em diversas situações.

**fare** la spesa (fazer compras)
la maglia (fazer tricô)
una passeggiata (fazer um passeio)
le vacanze (sair de férias)
freddo/caldo (fazer frio/calor; está frio = fa freddo)

**Exercício 1**

**Complete os espaços.**

| | guardare | | |
|---|---|---|---|
| io | guardo | mangio | |
| Carla | | | abita |
| Valentina e Franco | guardano | | |

**Exercício 2**

**Preencha com as formas verbais apropriadas.**

1. Paolo .............. a tennis. (giocare)
2. Marina non .............. gli animali. (amare)
3. Gli amici di Valentina non .............. tedesco. (parlare)
4. Io .............. inglese. (parlare)
5. (Tu) .............. il pianoforte. (suonare)
6. Guido .............. in un ristorante. (lavorare)

Lição 4 — Exercício

7. Valentina .............. a Milano. (abitare)

8. (Noi) .............. spesso la televisione. (guardare)

9. (Voi) .............. la natura. (amare)

10. (Io) .............. a Milano. (lavorare)

**Exercício 3**

**Complete com as formas corretas do verbo *fare*.**

1. Simona .............. le vacanze a Sanremo.

2. Valentina e Stefano .............. la spesa.

3. Che cosa .............. (tu) stasera?

4. Oggi .............. freddo.

5. (Voi) .............. ancora joga?

6. (Noi) .............. una passeggiata.

**Exercício 4**

**Complete o texto ao lado.**

Che tipo è Valentina?

Valentina ......... una ragazza ......... .

Lei ......... a Milano. ......... 23 anni e

non ......... molto sportiv... .........

italiano e inglese e ......... molto bene la

chitarra. Lei ......... sempre la dieta e

......... insalata. ......... spesso la

televisione e ......... joga. Non ........

volentieri passeggiate. La mamma e il

papà di Valentina ......... a Milano e

......... molto gentil... .

Exercício, vocabulário | Lição 4

**Escreva algo sobre Paulo usando as palavras ao lado.**

amico – Valentina – abitare Milano – 25 anni – sportivo – parlare italiano – non suonare chitarra – mangiare molti dolci – guardare – televisione.

Paolo è .....................................
..........................................

### Numerais cardinais (21 – 100)

| | | |
|---|---|---|
| 21 ventuno | 27 ventisette | 50 cinquanta |
| 22 ventidue | 28 ventotto | 60 sessanta |
| 23 ventitré | 29 ventinove | 70 settanta |
| 24 ventiquattro | 30 trenta | 80 ottanta |
| 25 venticinque | 31 trentuno | 90 novanta |
| 26 ventisei | 40 quaranta | 100 cento |

**Escreva os números abaixo por extenso.**

13 .................  77 .................  66 .................
38 .................  92 .................  57 .................
54 .................  40 .................  99 .................
19 .................  23 .................  81 .................
27 .................  81 .................
46 .................  72 .................

| | | | |
|---|---|---|---|
| **abitare** | morar | **dieta** *f* | dieta |
| **amare** | amar | **dolce** *m* | doces |
| **anche** | também | **e/ed** | e |
| **animale** *m* | animal | **fa freddo/** | está frio/ |
| **caldo** | quente | **caldo** | quente |
| **che** | qual/quem | **fare** | fazer |
| **chitarra** *f* | guitarra | **fare la maglia** | tricotar |

QUARANTATRÉ  **43**

# Lição 4 — Vocabulário, país e cultura

| | | | |
|---|---|---|---|
| **fare la spesa** | fazer compras | **pizza** f | pizza |
| **fare le vacanze** | sair de férias | **qualche volta** | às vezes |
| **film** m | filme | **quando** | quando, se |
| **gatto** m | gato | **ristorante** m | restaurante |
| **giocare** | jogar | **simpatico** | simpático |
| **giocare a pallavolo** | jogar vôlei | **solo** | só, somente |
| | | **soprattutto** | sobretudo |
| **giocare a tennis** | jogar tênis | **spesa** f | compras |
| | | **spesso** | freqüentemente |
| **guardare** | olhar | | |
| **insalata** f | salada | **sport** m | esporte |
| **lavorare** | trabalhar | **sportivo** | esportivo, esportista |
| **maglia** f | tricô | | |
| **mangiare** | comer | **suonare** | tocar (um instrumento), soar |
| **mese** m | mês | | |
| **natura** f | natureza | | |
| **naturalmente** | naturalmente | | |
| **papà** m | pai | **tempo** m | tempo |
| **parlare** | falar | **tipo** m | tipo |
| **passeggiata** f | passeio | **vacanza** f | férias |
| **per questo** | por isso | **viaggiare** | viajar, |
| **pianoforte** m | piano | **volentieri** | alegremente, com prazer |

## A família italiana

A família continua desempenhando um papel muito proeminente na vida dos italianos. Ainda hoje, muitos jovens vivem com seus pais até se casarem. Consequentemente, a rede familiar é estruturada em função da criação dos filhos e do cuidado com os idosos e doentes. Até por isso, grande parte dos italianos mantém fortes laços com a cidade natal e não costuma se mudar para muito longe.

# A tavola!

| | |
|---|---|
| *Valentina:* | Mamma, ho fame. La cena è pronta? |
| *Piera:* | Sì, subito. Dov'è Stefano? |
| *Valentina:* | È in soggiorno con Alessandra. Sentono un po' di musica. Che cosa mangiamo stasera? |
| *Piera:* | Minestrone di verdura e saltimbocca alla romana. Stefano, Alessandra, la cena è pronta!! |
| *Stefano:* | Arriviamo, mamma. Il papà non torna a casa per cena? |
| *Piera:* | No, torna tardi. Ha molto lavoro. |
| *Alessandra:* | Buon appetito! |
| *Tutti:* | Grazie, altrettanto. |
| *Alessandra:* | Mmm, che buono questo minestrone! |

| | |
|---|---|
| *Piera:* | Grazie Alessandra. Preferisci l'acqua o il vino? |
| *Alessandra:* | Il vino, grazie, ma solo un bicchiere! |
| *Piera:* | Allora cin-cin, Alessandra. |
| *Alessandra:* | Alla vostra salute! |
| *Piera:* | Stefano, non spegni la televisione? |
| *Stefano:* | Non adesso, mamma, c'è lo sport. |

## À mesa!

*Valentina:* Mãe, estou com fome. O jantar está pronto?
*Piera:* Em um minuto. Onde está o Stefano?
*Valentina:* Está na sala de estar com Alessandra. Estão ouvindo música. O que vamos jantar?
*Piera:* Sopa de legumes com bifes de vitela à romana. Stefano, Alessandra, o jantar está servido!
*Stefano:* Estamos indo, mãe. O papai não vem para jantar?
*Piera:* Não, ele vem mais tarde. Tem muito trabalho.
*Alessandra:* Bom apetite!
*Todos:* Obrigado, para você também.
*Alessandra:* Hmmm, esta sopa de legumes está uma delícia!
*Piera:* Obrigada, Alessandra. Você prefere água ou vinho?
*Alessandra:* Vinho, obrigada, mas só um copo.
*Piera:* Saúde, Alessandra.
*Alessandra:* Saúde!
*Piera:* Stefano, você não pode desligar a TV?
*Stefano:* Não agora, mãe, estou assistindo ao jogo.

### 2ª e 3ª conjugações – presente do indicativo

|  | 2ª -ere | 3ª -ire | |
|---|---|---|---|
|  | **prendere** | **sentire** | **preferire** |
| io | prend**o** | sent**o** | prefer**isco** |
| tu | prend**i** | sent**i** | prefer**isci** |
| lui, lei, Lei | prend**e** | sent**e** | prefer**isce** |
| noi | prend**iamo** | sent**iamo** | prefer**iamo** |
| voi | prend**ete** | sent**ite** | prefer**ite** |
| loro | prend**ono** | sent**ono** | prefer**iscono** |

Alguns verbos da 3ª conjugação têm a sílaba – **isc** – entre a raiz e o final da palavra. Entre eles estão verbos como **capire** (compreender), **finire** (terminar) e **pulire** (limpar).

Exercício     Lição 5

**Complete com os verbos no infinitivo.** — Exercício 1

1. capiscono .......
2. torna .........
3. finisce .........
4. vendono .........
5. sente .........
6. prendete .......
7. vedete .........
8. guarda .........
9. lavorate ........
10. credete .........

**Ligue as partes correspondentes.** — Exercício 2

1. Stasera Marco
2. Voi
3. Come
4. Qualche volta (io)
5. Silvia e Stefano
6. Noi

a guardo la televisione.
b sta la nonna?
c capiscono il francese?
d parlate tedesco.
e non torna a casa.
f facciamo molto sport.

**Complete com as terminações corretas.** — Exercício 3

1. Stefano e Alessandra sent..... un po' di musica.
2. Il papà non torn..... a casa stasera.
3. Donatella prefer..... la birra.
4. Sandra e Guido guard..... la televisione.
5. (Tu) Cap..... l'italiano?
6. Tiziana pul..... la casa.
7. (Voi) Prend..... un caffè?
8. Alessandra arriv..... stasera.

## Exercício 4

**Complete com as formas corretas dos verbos**
*guardare – abitare – sentire – dormire – capire – preferire.*

1. La nonna è sorda, non ............ molto bene.
2. (Voi) ............ molto bene l'inglese.
3. (Io) ............ volentieri la televisione.
4. I ragazzi ............ la birra.
5. Stefano non ............ molto la notte.
6. Sergio e Pietro ............ a Napoli.

## Exercício 5

**Escreva um texto curto com os trechos de informação fornecidos abaixo.**
Os quadros marcados com X indicam o que a respectiva pessoa está fazendo.
Por exemplo: Marco capisce il francese, non dorme molto e non guarda la TV.

|  | Marco | tu | Stefano e Valentina | la nonna |
|---|---|---|---|---|
| capire il francese | X | X |  | X |
| dormire molto |  | X | X |  |
| guardare la TV |  | X |  | X |

Exercício — Lição 5

**Escreva as respostas corretas para as perguntas.**

1. Il papà torna a casa stasera per cena?
(No – tornare – tardi)

..........................................

2. Stefano guarda la televisione?
(No – sentire – musica)

..........................................

3. Alessandra beve la birra?
(No – preferire – acqua)

..........................................

4. Simona parla tedesco?
(Sì – tedesco – molto bene)

..........................................

5. Hai fame? (Sì – fame)

..........................................

Exercício 6

---

**Mais numerais cardinals**

| | | | |
|---|---|---|---|
| 101 | centouno | 100.000 | centomila |
| 126 | centoventisei | 300.000 | trecentomila |
| 200 | duecento | 1.000.000 | un milione |
| 300 | trecento | 5.000.000 | cinque milioni |
| 1.000 | mille | 1.000.000.000 | un miliardo |
| 2.000 | duemila | | |

Note que no italiano, como no português, usa-se a vírgula para separar a casa decimal, e o ponto para separar os milhares.

## Exercício 7

**Escreva os valores numéricos.**

1. Ottocentonovantaquattro ...............
2. Seicentotrentacinque ..................
3. Duecentoventisette ....................
4. Tremilanovecentosettantasei

   .........................................
5. Un milione seicentonovantamilaquattrocento

   .........................................
6. Millesettecentocinquanta

   .........................................
7. Tre milioni centotrentamila

   .........................................
8. Seicentosessantasettemilasettecentosessantasei

   .........................................

## Vocabulário

| | |
|---|---|
| **acqua** f | água |
| **adesso** | agora |
| **alla salute** | à sua saúde |
| **altrettanto** | para você também |
| **appetito** m | apetite |
| **arrivare** | chegar |
| **birra** f | cerveja |
| **buono** | bom |
| **caffè** m | café |
| **capire** | compreender, entender |
| **cappuccino** m | café (com espuma de leite) |
| **cena** f | jantar |
| **che cosa** | o que |
| **cin-cin** | saúde! |
| **credere** | acreditar |
| **dormire** | dormir |
| **espresso** m | expresso |
| **finire** | terminar |
| **minestrone** m | sopa de legumes |
| **musica** f | música |
| **notte** f | noite |
| **per cena** | para jantar |
| **preferire** | preferir |
| **primo** m | (aqui:) primeiro prato |
| **pronto** | pronto |

Vocabulário, país e cultura — Lição 5

| | | | |
|---|---|---|---|
| **pulire** | limpar | **tardi** | tarde |
| **saltimbocca alla romana** | bife de vitela à romana | **tavola** f | mesa |
| | | **tornare** | voltar, retornar |
| **salute** f | à sua saúde | **tv** f | TV, televisão |
| **secondo** m | (*aqui:*) segundo prato | **un po' di** (+ substantivo) | um pouco de |
| **sentire** | ouvir, sentir | **vedere** | ver, assistir |
| **spegnere** | preparar, concordar | **vendere** | vender |
| | | **verdura** f | verdura |
| **stasera** | esta noite | **vino** m | vinho |
| **subito** | imediatamente | **vostro** | seu |

**Buon appetito!** A maioria dos italianos começa o dia com uma xícara de café (**cappuccino, espresso**), tomada em um bar ou no caminho para o trabalho.

O almoço geralmente compreende dois pratos, **il primo** – para abrir o apetite, geralmente uma massa – e **il secondo** – carne ou peixe, com acompanhamento de vegetais.

Antes do jantar, os amigos frequentemente se encontram para um drinque ou um aperitivo em algum bar. O jantar também tem dois pratos. O **primo** é, na maioria das vezes, um prato quente, como **minestrone** ou sopa de talharim, enquanto o **secondo** pode ser algo simples, como frios (queijo ou presunto) ou, com frequência, um outro prato principal. As refeições finalizam com café (**espresso**).

Os horários das refeições variam do norte para o sul da Itália. O almoço (**pranzo**) se dá entre 12:30 e 13:30, e o jantar (**cena**) entre 19:30 e 20:30. No sul da Itália, contudo, as refeições podem ser ainda mais tarde.

# Teste 1

**Teste 1**

**1** Escolha a resposta correta no quadro 2, depois siga para o quadro referente ao número de sua resposta.

**2** John è un ragazzo ... .

inglese ⇨ 8
ingleso ⇨ 15

**6** Errado!
Volte para o número 8.

**7** Errado!
Volte para o número 4.

**11** Errado!
Volte para o número 29.

**12** Muito bem! Continue:
... zio di Paolo è americano.
Lo ⇨ 16
Il ⇨ 24

**16** Bom! Continue:
Ciao, come ... ?

stai ⇨ 19
hai ⇨ 18

**17** Errado!
Volte para o número 19.

**21** Errado!
Volte para o número 13.

**22** Certo!
Fim do exercício!

**26** Errado!
Volte para o número 30.

**27** Bom! Continue:
Stefano e Marco sono ... .

italiane ⇨ 23
italiani ⇨ 12

# Teste 1

**3** Errado!

Volte para o número 5.

**4** Bom! Continue:

... amico di Valentina è a Londra.

L' ⇨ 20
Il ⇨ 7

**5** Certo! Continue:

Alessandra è ... .

biondo ⇨ 3
bionda ⇨ 13

**8** Certo! Continue:

Marco ... la birra.

prefere ⇨ 6
preferisce ⇨ 25

**9** Errado!

Volte para o número 25.

**10** Errado!

Volte para o número 14.

**13** Certo! Continue:

Marco ... un caffè.

prendo ⇨ 21
prende ⇨ 29

**14** Muito bem! Continue:

Noi ... la televisione.

guardate ⇨ 10
guardiamo ⇨ 30

**15** Errado!

Volte para o número 2.

**18** Errado!

Volte para o número 16.

**19** Bom! Continue:

... due camere da letto.

C'è ⇨ 17
Ci sono ⇨ 22

**20** Ótimo! Continue:

In bagno c'è ... specchio.

uno ⇨ 5
un ⇨ 28

**23** Errado!

Volte para o número 27.

**24** Errado!

Volte para o número 12.

**25** Muito bem! Continue:

Marco ... 15 anni.

ha ⇨ 14
è ⇨ 9

**28** Errado!

Volte para o número 20.

**29** Ótimo! Continue:

Loro ... l'italiano.

capano ⇨ 11
capiscono ⇨ 27

**30** Certo! Continue:

... tappeto è verde.

Lo ⇨ 26
Il ⇨ 4

LIÇÃO

# 6 Una telefonata

*Piera:* Pronto?
*Paolo:* Buonasera signora, sono Paolo.
C'è Valentina per favore?
*Piera:* Ciao Paolo, un momento eh... Valentina, telefonooo! Tutto bene? I genitori come stanno?
*Paolo:* Bene grazie, sono in vacanza.
*Piera:* Oh, che bello! Ecco Valentina, a presto Paolo.
*Valentina:* Ciao, come stai?
*Paolo:* Benissimo e voi?
*Valentina:* Qui tutto tranquillo! La mamma cucina, Stefano studia, io ascolto un po' di musica e Alessandra guarda un film. Papà non è ancora a casa.

*Paolo:* Come sta Alessandra? È contenta?
*Valentina:* Sì, molto. Domani andiamo in centro, così vede un po' Milano. E lunedì comincia a lavorare. E tu cosa fai?
*Paolo:* In questi giorni lavoro molto, ma perché sabato non facciamo una passeggiata o prendiamo un caffè insieme al bar?

> *Valentina:* Un secondo, chiedo a Alessandra...
> Dice che è d'accordo.
> *Paolo:* Benissimo, allora scegliete voi se preferite la passeggiata o il caffè.
> *Valentina:* Va bene, un bacione!
> *Paolo:* Ciao!

## Um telefonema

*Piera:* Alô?
*Paolo:* Boa noite. Aqui é Paolo. Valentina está?
*Piera:* Olá, Paolo, um momentinho... Valentina, telefone! Está tudo bem? Como vão seus pais?
*Paolo:* Bem, obrigado, eles estão de férias.
*Piera:* Oh, que bom! Aqui está Valentina, até mais, Paolo.
*Valentina:* Oi, como vai?
*Paolo:* Ótimo, e você?
*Valentina:* Tudo tranquilo aqui! Mamãe está cozinhando, Stefano está estudando, eu estou ouvindo um pouco de música e Alessandra está vendo um filme. Papai ainda não chegou.
*Paolo:* Como vai a Alessandra? Está contente?
*Valentina:* Sim, muito. Amanhã vamos ao centro, para que ela conheça um pouquinho de Milão. Ela começa a trabalhar na segunda-feira. E você, que anda fazendo?
*Paolo:* Tenho trabalhado muito nestes dias. Por que não vamos dar uma caminhada no sábado, ou tomar um café juntos em algum bar?
*Valentina:* Um segundo, vou perguntar à Alessandra... Ela disse que tudo bem.
*Paolo:* Ótimo, então vocês decidem se preferem caminhar ou tomar café.
*Valentina:* OK, beijão para você!
*Paolo:* Tchau!

## Alguns verbos irregulares

|  | **dare** (dar) | **dire** (dizer) | **scegliere** (escolher) |
|---|---|---|---|
| io | do | dico | scelgo |
| tu | dai | dici | scegli |
| lui, lei, Lei | dà | dice | sceglie |
| noi | diamo | diciamo | scegliamo |
| voi | date | dite | scegliete |
| loro | danno | dicono | scelgono |

|  | **tenere** (segurar, manter) | **salire** (ir/subir) |
|---|---|---|
| io | tengo | salgo |
| tu | tieni | sali |
| lui, lei, Lei | tiene | sale |
| noi | teniamo | saliamo |
| voi | tenete | salite |
| loro | tengono | salgono |

## Verbos terminados em -care e -gare

Por razões fonéticas, verbos terminados em **-care** e **-gare** têm um **-h** inserido antes da terminação **-i** ou **-e**.

|  | **giocare** (jogar) | **pagare** (pagar) |
|---|---|---|
| io | gioco | pago |
| tu | gio**ch**i | pa**gh**i |
| lui, lei, Lei | gioca | paga |
| noi | gio**ch**iamo | pa**gh**iamo |
| voi | giocate | pagate |
| loro | giocano | pagano |

Gramática — Lição 6

### Substantivos especiais

Substantivos masculinos terminados em **-a**:  *il cinema*
*il problema*

Substantivos femininos terminados em **-o**:  *la radio*

Alguns substantivos podem ser tanto masculinos quanto femininos. Entre eles estão substantivos terminados em **-ista** ou **-ante**:
*il dentista   la dentista*
*il cantante   la cantante*

■ Plural de substantivos especiais

*masculino*

| | | | | | | |
|---|---|---|---|---|---|---|
| **-io** | **-i** | *il negozio* | *i negozi* | **mas:** | *lo zio* | *gli zii* |
| **-co** | **-chi** | *il tedesco* | *i tedeschi* | **mas:** | *l'amico* | *gli amici* |
| **-go** | **-ghi** | *il lago* | *i laghi* | | | |
| **-co** | **-ci** | *l'austriaco* | *gli austriaci* | (se a tônica está na | | |
| **-go** | **-gi** | *l'asparago* | *gli asparagi* | antepenúltima sílaba) | | |

*feminino*

| | | | | |
|---|---|---|---|---|
| **-ca** | **-che** | *l'amica* | *le amiche* | |
| **-ga** | **-ghe** | *la strega* | *le streghe* | |
| **-cia** | **-ce** | *l'arancia* | *le arance* | (se precedida |
| **-gia** | **-ge** | *la spiaggia* | *le spiagge* | de consoante) |
| **-cia** | **-cie** | *la camicia* | *le camicie* | (se precedida |
| **-gia** | **-gie** | *la valigia* | *le valigie* | de vogal) |

*não muda*

*il caffè    i caffè*    (se a última vogal
*la città    le città*    é a tônica ou o
*il bar      i bar*      substantivo termina
em uma consoante)

**Mas também:** *il cinema/i cinema*
*la foto/le foto*

*plural irregular*
*l'uomo    gli uomini*
*l'uovo    le uova*

Lição 6 — Exercício

**Exercício 1**

Complete as sentenças preenchendo com a forma correta dos verbos.

1. Maria ............ (dare) la chitarra a Giovanni.
2. Che cosa (voi) ............ (scegliere)?
3. (Io) ............ (tenere) le bibite in frigorifero.
4. Oggi ............ (pagare) noi la cena.
5. I genitori di Fabio ............ (giocare) volentieri a tennis.
6. Laura ............ (salire) le scale a piedi.
7. Scusa, che cosa (tu) ............ (dire)?
8. (pagare) ............ tu o (pagare) ............ io?

**Exercício 2**

Associe as partes correspondentes para formar sentenças.

1. Alessandra dice
2. Dove tengono
3. Perché non sali
4. Giochi volentieri
5. Che cosa
6. Preferisci
7. Come stanno

a prendete?
b che è d'accordo.
c a tennis?
d le sigarette?
e in macchina?
f i genitori?
g acqua o vino?

# Exercício — Lição 6

**Complete as palavras-cruzadas.**

CRUCIVERBA

Orizzontali
- 4. dire (io)
- 5. dire (loro)
- 8. pagare (noi)
- 9. tenere (io)
- 11. salire (io)
- 12. scegliere (lui)
- 13. salire (voi)
- 14. giocare (tu)

Verticali
- 1. dare (tu)
- 2. tenere (voi)
- 3. scegliere (loro)
- 4. dare (lei)
- 5. dare (noi)
- 6. pagare (voi)
- 7. giocare (noi)
- 10. dare (voi)

*Exercício 3*

## Lição 6 — Exercício

**Exercício 4**

Coloque as sentenças no plural.

**1.** La valigia è leggera.

..........................................

**2.** Il film è interessante.

..........................................

**3.** La foto è molto bella.

..........................................

**4.** L'arancia è buona.

..........................................

**5.** Il medico è bravo.

..........................................

**6.** L'amico di Marco è simpatico.

..........................................

**7.** L'armadio è grande.

..........................................

**8.** Il lago è vicino.

..........................................

**Exercício 5**

Três diálogos pequenos foram misturados. Você consegue separá-los novamente?

– Preferisci acqua o vino?
– No, grazie, non ancora.
– Ecco. Allora cin-cin!
– I genitori stanno bene?
– Dov'è la cucina?
– Che bello!
– La cucina è qui a destra. Hai fame?
– Vino, grazie.
– Sì grazie, sono in vacanza.

Exercício, vocabulário — Lição 6

**1.** ...........................................................
...........................................................
...........................................................

**2.** ...........................................................
...........................................................
...........................................................

**3.** ...........................................................
...........................................................
...........................................................

## Vocabulário

| | | | |
|---|---|---|---|
| **a piedi** | a pé | **dare** | dar |
| **a presto** | até mais | **dentista** m/f | dentista |
| **allora** | então | **dire** | dizer |
| **arancia** f | laranja | **domani** | amanhã |
| **ascoltare** | ouvir, escutar | **foto** f | foto |
| **asparago** m | aspargo | **genitori** m/pl | pais |
| **austriaco** m | austríaco | **giorno** m | dia |
| **bacione** m | beijão | **in questi giorni** | nestes dias |
| **bar** m | bar (café) | **insieme** | junto |
| **bibita** f | bebida | **interessante** | interessante |
| **bravo** | bom | **lago** m | lago |
| **camicia** f | camisa | **lunedì** m | segunda-feira |
| **cantante** m/f | cantor/a | **momento** m | momento |
| **centro** m | centro | **negozio** m | loja, negócio |
| **che** | que | **o** | ou |
| **Che bello!** | Que bonito! | **pagare** | pagar |
| **chiedere** | perguntar | **per favore** | por favor |
| **cinema** m | cinema | **perché** | por que, porque |
| **città** f | cidade | | |
| **cominciare** | começar | **prendere** | pegar, tomar |
| **contento** | contente, satisfeito | **problema** m | problema |
| | | **pronto** | alô (telefone) |
| **cucinare** | cozinhar | **radio** f | rádio |
| **d'accordo** | combinado | **sabato** m | sábado |

SESSANTUNO **61**

| | | | |
|---|---|---|---|
| salire | ir/subir | **telefono** *m* | telefone |
| **scala** *f* | escada | **tenere** | segurar/ter |
| **scegliere** | escolher | **tranquillo** | calmo, tranquilo |
| **scusa** | desculpe | | |
| **secondo** *m* | segundo | **tutto** | tudo, todo |
| **sigaretta** *f* | cigarro | **uomo** *m* | ser humano, homem |
| **spiaggia** *f* | praia | | |
| **strega** *f* | bruxa | **uovo** *m* | ovo |
| **studiare** | estudar | **va bene** | tudo bem |
| **telefonata** *f* | telefonema | **vicino** | vizinho |

### "Pronto!"

A expressão usada para atender ao telefone na Itália é "Pronto", que significa "estou pronto/estou preparado". Caso você tenha feito a chamada, deve responder saudando quem atendeu e se identificando: *Ciao, sono...* ou, num contexto mais formal, *Buongiorno/Buonasera, sono...*

# La famiglia Simoni

La famiglia Simoni comprende cinque persone: la nonna Carlotta, la mamma Piera, il papà Luigi e i figli Valentina e Stefano.
La signora Carlotta è la mamma di Luigi; da tre anni vive con la famiglia del figlio perché ha alcuni problemi di salute e non è più giovane. Ma anche a ottantatré anni ha ancora molti interessi: guarda i film romantici alla televisione e cucina molto volentieri.
Piera è casalinga e quando ha un po' di tempo libero dipinge o incontra le amiche per prendere un tè insieme.
Luigi è dentista, lavora molto ma guadagna anche bene.
È tifoso di calcio e qualche volta, come molti altri italiani, la domenica guarda la partita alla televisione; lui e la moglie amano molto l'opera.
Valentina ha 23 anni e studia economia. È fidanzata con Paolo. Ascolta volentieri musica rock con gli amici; ama sciare d'inverno e nuotare al mare d'estate.
Stefano ha 18 anni e frequenta l'ultimo anno di liceo. Legge molto, soprattutto libri di storia, e ama viaggiare.
La famiglia Simoni vive a Milano in un grande appartamento, non proprio in centro ma in un quartiere molto tranquillo.
I Simoni hanno anche una piccola casa per le vacanze in montagna.

## A família Simoni

A família Simoni é formada por cinco pessoas: a avó Carlotta; Piera, a mãe; Luigi, o pai; e Valentina e Stefano, os filhos.
A Senhora Carlotta é a mãe de Luigi. Há três anos vive com a família do filho porque tem alguns problemas de saúde e também porque já não é jovem. Mas, apesar dos seus 83 anos, ainda tem muitos interesses: assiste a filmes românticos na TV e gosta muito de cozinhar.
Piera é dona de casa. Quando tem um tempo livre, gosta de pintar ou encontrar as amigas para tomarem chá juntas.
Luigi é dentista. Trabalha muito, mas ganha bem. É fanático por futebol, e, como muitos outros italianos, às vezes assiste aos jogos na TV no domingo. Ele e a mulher também adoram ópera.
Valentina tem 23 anos e estuda economia. Ela está noiva de Paolo. Gosta de ouvir rock com os amigos, ama esquiar no inverno e nadar no mar durante o verão.
Stefano tem 18 anos e está no último ano do ensino médio. Ele lê muito, sobretudo livros de história, e adora viajar.
A família Simoni vive em um apartamento grande em Milão, não muito perto do centro da cidade, mas em um bairro muito tranquilo.
A família Simoni também tem uma casa de campo nas montanhas, onde costuma passar as férias.

### Perguntas (II)

| | | |
|---|---|---|
| **Chi?** | Quem? | Chi è?<br>È Stefano, il fratello di Valentina. |
| **Che cosa?**<br>**Che?**<br>**Cosa?** | O quê? | Che cosa/Che/Cosa mangi?<br>Mangio una banana. |
| **Dove?** | Onde? | Dov'è la cucina?<br>La cucina è qui a destra. |
| **Come?** | Como? | Come sta Piera?<br>Sta bene, grazie. |
| **Perché?** | Por quê? | Perché non mangi la pizza?<br>Perché sono a dieta. |

Gramática — Lição 7

| **Quando?** | Quando? | Quando guardi la televisione?<br>Qualche volta, la sera. |
|---|---|---|
| **Quale?**<br>**Che?** | Qual? | Quale/Che vino prendi,<br>rosso o bianco?<br>Rosso, grazie. |
| **Quanto/a/i/e** | Quanto/a?<br>Quantos/as? | Quanto costa? Dieci euro.<br>Quanti figli ha? Tre.<br>Quanti anni ha? Trentacinque. |

■ A ordem regular das palavras em perguntas com pronome interrogativo é:
**Pronome interrogativo + verbo + sujeito:**

> *Che cosa fa Maria?*

■ Perguntas sem pronome interrogativo geralmente seguem a mesma ordem das sentenças afirmativas. (Ver Lição 2.)

> *Franco è italiano?* **(pergunta)**
> *Franco è italiano.* **(sentença afirmativa)**

### Com que frequência?

| | | |
|---|---|---|
| **non....mai** | nunca | *Non mangio mai la pasta.* |
| **raramente** | raramente | *Leggo raramente.* |
| **qualche volta** | às vezes | *Qualche volta prendo l'autobus.* |
| **spesso** | com frequência | *Lavoro spesso la domenica.* |
| **sempre** | sempre | *Parlo sempre italiano.* |

Lição 7  Gramática, exercício

> **Períodos do dia**
>
> | | |
> |---|---|
> | **il mattino/la mattina** | cedo/de manhã |
> | **il pomeriggio** | tarde |
> | **la sera** | início da noite |
> | **la notte** | noite alta |

## Exercício 1

Complete com o pronome interrogativo correto.

1. ............. suoni il pianoforte?
   La domenica.

2. ............. fate d'estate? Facciamo un viaggio.

3. ............. fate le vacanze?
   In Francia.

4. ............. anni ha la nonna?
   Ottantatré.

5. ............. studi l'italiano?
   Perché è una bella lingua.

6. ............. è la signora con la valigia? È la signora Bruni.

7. ............. camera hai?
   La camera numero dodici.

8. ............. stai? Non c'è male.

## Exercício 2

Responda às perguntas seguindo o exemplo.

Quando guardi la televisione? (mai)
Non guardo mai la televisione.

1. Quando fate una passeggiata? (spesso)

   ..........................................

2. Quando mangi gli spaghetti? (mai)

   ..........................................

Exercício                                      Lição 7

**3.** Quando legge il giornale Marco?
                    (sempre)

..........................................

**4.** Lavori il sabato?    (qualche volta)

..........................................

**5.** Viaggiate spesso?  (raramente)

..........................................

---

### Exercício 3

Repita as três diferentes formas de conjugação usando estes três novos verbos.

**fumare** (fumar), **chiudere** (fechar), **aprire** (abrir)

|            | FUMARE | CHIUDERE | APRIRE |
|------------|--------|----------|--------|
| io         | ........ | ........... | ........ |
| tu         | ........ | ........... | ........ |
| lui, lei, Lei | ........ | ........... | ........ |
| noi        | ........ | ........... | ........ |
| voi        | ........ | ........... | ........ |
| loro       | ........ | ........... | ........ |

---

### Exercício 4

Calcule as operações matemáticas e escreva o resultado por extenso.

**1.** 35 + 42 =

..........................................

**2.** 69 + 110 =

..........................................

**3.** 1.350 + 800 =

..........................................

**4.** 7.500 + 5.400 =

..........................................

Lição 7  Exercício

**5.** 41 + 86 =

..........................................

**6.** 10.900 + 4.700 =

..........................................

---

**Exercício 5**

A lista ao lado inclui várias palavras familiares. Complete com o artigo definido e passe para o plural.

**1.** ..... mamma .................

**2.** ..... spagnolo .................

**3.** ..... animale .................

**4.** ..... bagno .................

**5.** ..... aranciata .................

**6.** ..... vacanza .................

**7.** ..... televisione .................

**8.** ..... appartamento .................

**9.** ..... bar .................

**10.** ..... valigia .................

---

**Exercício 6**

Reescreva as sentenças colocando os substantivos no plural.

**1.** La signora ha una macchina.

..........................................

**2.** L'appartamento è piccolo.

..........................................

**3.** Il gatto sta bene.

..........................................

**4.** Il libro è interessante.

..........................................

**5.** La ragazza gioca a tennis.

..........................................

Exercício, vocabulário — Lição 7

**6.** Mangio sempre la pizza.

..........................................

**7.** L'amica di Mara è gentile.

..........................................

| | | | |
|---|---|---|---|
| alcuni | poucos | leggere | ler |
| altro | outro | libro *m* | livro |
| aprire | abrir | liceo *m* | ensino médio |
| autobus *m* | ônibus | lingua *f* | língua |
| banana *f* | banana | macchina *f* | carro |
| bianco | branco | mai | nunca |
| calcio *m* | futebol | mare *m* | mar |
| casalinga *f* | dona de casa | mattina *f* | manhã |
| chi | quem | mattino *m* | manhã cedo |
| chiudere | fechar | moglie *f* | esposa, mulher |
| comprendere | compreender, entender | | |
| costare | custar | montagna *f* | montanha |
| d'estate | no verão | numero *m* | número |
| d'inverno | no inverno | nuotare | nadar |
| da tre anni | há três anos | opera *f* | ópera |
| dipingere | pintar | partita *f* | jogo |
| domenica *f* | domingo | pasta *f* | massa |
| economia *f* | economia | persona *f* | pessoa |
| famiglia *f* | família | piccolo | pequeno |
| fidanzato | noivo | più | mais |
| figlio *m* | filho | pomeriggio *m* | tarde |
| fratello *m* | irmão | proprio | precisamente |
| frequentare | frequentar | quale | qual |
| fumare | fumar | quanto | quanto |
| giovane | jovem | quartiere *m* | vizinhança, bairro |
| guadagnare | ganhar | | |
| in montagna | na montanha | raramente | raramente |
| incontrare | encontrar | romantico | romântico |
| interesse *m* | interesse | rosso | vermelho |
| | | sciare | esquiar |

*Vocabulário*

| | | | |
|---|---|---|---|
| **sera** *f* | início da noite | **tifoso** *m* | fanático por; fã, torcedor |
| **storia** *f* | história | | |
| **tempo libero** *m* | tempo livre | **ultimo** | último |
| | | **vivere** | viver |

## Um filho... "e basta!"

Ao contrário da crença popular, a enorme família italiana é coisa do passado. Há anos a Itália aparece no *ranking* mundial como um dos países com menor taxa de natalidade. O núcleo familiar com apenas um filho tornou-se o padrão. Um fator determinante nesse sentido foi a melhora na educação e no *status* profissional da mulher. No coração dos italianos, porém, **la famiglia** ainda é tida como uma instituição a ser cultivada.

LIÇÃO 8

# A Milano in giro per negozi

*Alessandra:* Valentina! Sono qui!
*Valentina:* Ciao Alessandra, come stai?
*Alessandra:* Bene, grazie. Allora, vieni in centro a fare un giro per negozi?
*Valentina:* Sì, vengo volentieri, così faccio anche qualche commissione. Prendiamo il tram?
*Alessandra:* Forse la metropolitana è più veloce. D'accordo?
*Valentina:* D'accordo, andiamo.

*Alessandra:* Quanti negozi di abbigliamento! E tutti molto eleganti!
*Valentina:* Eh sì e... costosi! Guarda che bel vestito azzurro; è di Giorgio Armani.
*Alessandra:* Sì, ma anche la ditta dove lavoro io fa vestiti molto belli e più a buon mercato!
*Valentina:* Hai proprio ragione. Senti, io vado in banca e poi in farmacia a comprare una medicina.

# Lição 8 — Diálogo

> Fai un giro da sola?
> *Alessandra:* Certo, a più tardi.
> *Valentina:* Ciao.
> *Alessandra:* Scusi, c'è una libreria qui vicino?
> *1º passante:* Mi dispiace signorina, non lo so, non sono di Milano.
> *Alessandra:* Non importa, grazie... Scusi, c'è una libreria da queste parti?
> *2º passante:* Sì, sempre dritto e poi la seconda strada a destra, no... a sinistra. La libreria è sull'angolo.
> *Alessandra:* Grazie mille. Arrivederci.
> *2º passante:* Prego, arrivederci.

## Uma volta no centro de Milão

*Alessandra:* Valentina! Aqui!
*Valentina:* Olá, Alessandra, como vai?
*Alessandra:* Bem, obrigada. Quer vir comigo para dar uma volta no centro da cidade?
*Valentina:* Sim, adoraria, assim posso resolver algumas pendências. Vamos de bonde?
*Alessandra:* O metrô deve ser mais rápido, não acha?
*Valentina:* OK, vamos lá.
*Alessandra:* Quantas lojas de roupas! E todas tão elegantes!
*Valentina:* Oh, sim, e... caras! Olhe que vestido azul maravilhoso; é de Giorgio Armani.
*Alessandra:* Sim, mas a empresa onde trabalho também faz roupas bonitas e, o que é melhor, são mais baratas!
*Valentina:* Você está certíssima. Escute, eu tenho de ir ao banco e à farmácia comprar alguns remédios. Você consegue se virar sozinha enquanto isso?
*Alessandra:* Claro, te vejo mais tarde.
*Valentina:* Tchau.
*Alessandra:* Com licença, há alguma livraria por aqui?
*1º transeunte:* Desculpe, senhorita, eu não sei, não sou de Milão.
*Alessandra:* OK, obrigada...
Com licença, há alguma livraria aqui na vizinhança?

# Gramática — Lição 8

*2º transeunte:* Sim, siga em frente e vire na segunda à direita, não... à esquerda. A livraria fica na esquina.
*Alessandra:* Muito obrigada. Tchau.
*2º transeunte:* De nada. Tchau.

### andare (ir, ir embora)

| | | | |
|---|---|---|---|
| io | vado | noi | andiamo |
| tu | vai | voi | andate |
| lui, lei, Lei | va | loro | vanno |

### venire (vir)

| | | | |
|---|---|---|---|
| io | vengo | noi | veniamo |
| tu | vieni | voi | venite |
| lui, lei, Lei | viene | loro | vengono |

### Preposições

| | | | |
|---|---|---|---|
| Sono/vado | **in** | Italia | (em/para a Itália) |
| Estou/vou | **in** | centro | (no/para o centro) |
| Estou/vou | **in** | ufficio | (no/para o escritório) |
| Estou/vou | **in** | treno, macchina | (no trem/de carro) |
| Sono/vado | **a** | Napoli | (em/para Nápoles) |
| Estou/vou | **a** | casa | (em casa/para casa) |
| Estou/vou | **a** | teatro | (no/para o teatro) |
| Estou/vou | **a** | letto | (na/para a cama) |
| Estou/vou | **a** | piedi | (a pé) |

■ **In** é usado com nomes de países, **a** com nomes de cidades.

| | | | |
|---|---|---|---|
| Sono | **di** | Palermo. | (Sou de Palermo.) |
| Vado | **da** | Barbara. | (Estou indo a Barbara.) |

Lição 8 — Gramática, exercício

### Numerais ordinais

| | | |
|---|---|---|
| 1. primo | 5. quinto | 9. nono |
| 2. secondo | 6. sesto | 10. decimo |
| 3. terzo | 7. settimo | 11. undicesimo |
| 4. quarto | 8. ottavo | 100. centesimo |

■ De onze em diante, os numerais ordinais são formados eliminando-se a última letra do numeral cardinal e acrescentando-se o final *-esimo*:

*dodici    dodicesimo*

Numerais ordinais concordam em gênero e número com o substantivo ao qual se referem:

*la prima strada*    a primeira rua
*il primo giorno*    o primeiro dia

**Exercício 1**

Complete com a forma correta do verbo **andare**.

1. Marina e Laura ............. a lavorare.
2. (Io) ............. a letto molto tardi.
3. Domenica Paolo ............. in centro.
4. (Tu) ............. sempre a Palermo in vacanza.
5. Anche noi ............. a scuola.
6. Sabato sera Anna ............. da Alberto.
7. (Voi) ............. spesso a teatro in taxi.

Exercício                                                                 Lição 8

**Várias formas do verbo *venire* estão escondidas aqui. Encontre-as.**
Podem estar escritas da esquerda para a direita, de cima para baixo ou na direção diagonal.

| a | v | e | n | g | o | m | i | v |
|---|---|---|---|---|---|---|---|---|
| t | v | e | h | i | l | v | g | e |
| t | p | g | n | l | i | e | z | n |
| v | v | e | v | i | e | n | e | i |
| h | i | n | f | g | t | a | v | t |
| v | e | n | i | a | m | o | n | e |
| o | i | v | e | n | g | o | n | o |

*Exercício 2*

---

**Complete as frases que seguem, inserindo *a, di, in* ou *da*.**

1. Matteo e Luca vanno ...... Firenze ...... treno.
2. Jane è ...... Boston ma abita ...... Verona.
3. Vengo ...... casa subito.
4. Roberto va ...... Paola a cena.
5. Quando vai ...... ufficio?
6. Luisa va ...... letto presto.

*Exercício 3*

---

**Complete as frases com os verbos oferecidos.**

andate – facciamo – guardo – hanno – sei – vengono – ama – prende – stanno.

1. Laura e Giorgio ............ molto bene.
2. Questa sera (io) ............ un film alla televisione.
3. (Loro) ............ a casa in macchina.
4. E tu Manuela, ............ di Venezia?
5. Dove (voi) ............ in vacanza?
6. Franco ............ lo sport.

*Exercício 4*

SETTANTACINQUE

Lição 8    Exercício

7. Il papà e la mamma di Elena ............ una casa a Roma.

8. Anna ............ spesso la metropolitana.

9. Oggi (noi) ............ una passeggiata con gli amici.

## Exercício 5

**Ligue a resposta à pergunta correspondente.**

1. Scusi, c'è un ristorante qui vicino?
2. Andiamo a piedi?
3. Mi scusi, dov'è la chiesa di San Paolo?
4. Come stai?
5. Questo è Sandro?

a Non c'è male.

b Mi dispiace, non lo so.

c No, in tram.

d No, è Giovanni, un amico di Valentina.

e Sì, sempre dritto, la prima strada a destra, è un ristorante cinese.

## Exercício 6

**Qual a palavra fora de contexto?**

1. cucina – camera da letto – tavolo – bagno
2. mamma – figlia – nonna – ragazza
3. inglese – Germania – francese – italiano
4. pizza – lasagne – aranciata – insalata
5. ciao – grazie – buonasera – arrivederci

# Vocabulário

| | | | |
|---|---|---|---|
| **a buon mercato** | barato, a um preço bom | **grazie mille** | muito obrigada/o |
| **a più tardi** | até mais tarde | **hai proprio ragione** | você está certíssima/o |
| **abbigliamento** m | roupa, confecção | **lasagne** f pl | lasanhas |
| **andare** | ir, ir embora | **libreria** f | livraria |
| **angolo** m | esquina | **medicina** f | remédios |
| **arrivederci** | tchau | **metropolitana** f | metrô |
| **azzurro** | azul | **non importa** | não importa, está bem |
| **banca** f | banco | | |
| **certo** | certamente | **non lo so** | eu não sei |
| **cinese** | chinês | **più veloce** | mais rápido, |
| **commissione** f | incumbência, atribuição, pendência | **prego** | de nada/por favor |
| | | **qualche** | algum |
| **comprare** | comprar | **qui vicino** | aqui perto, nas vizinhanças |
| **costoso** | caro | | |
| **da queste parti** | nesta área | **sapere** | saber |
| **da solo** | sozinho | **strada** f | estrada, rua |
| **ditta** f | empresa | **sull'angolo** | na esquina |
| **dritto** | seguir em frente | **taxi** m | táxi |
| | | **teatro** m | teatro |
| **elegante** | elegante | **tram** m | bonde |
| **fare un giro per negozi** | dar uma volta no centro da cidade | **ufficio** m | escritório |
| | | **veloce** | rápido, veloz |
| | | **venire** | vir |
| **farmacia** f | farmácia | **vestito** m | vestido |
| **giro** m | volta, *tour* | | |

## Ir às compras na Itália

Quando for às compras na Itália, procure saber o horário de funcionamento do comércio local. Teoricamente, todas as lojas fecham das 13h às 15h30 para o almoço. Os correios ficam abertos ao público só até as 14h. Se precisar trocar dinheiro, saiba que os bancos ficam abertos apenas pela manhã e, à tarde, só durante uma hora.

As lojas estão geralmente abertas aos sábados à tarde; algumas também aos domingos.

Apesar de as grandes redes de supermercado e lojas de departamento estarem crescendo na Itália, a maioria dos italianos ainda prefere comprar em lojas familiares.

LIÇÃO 9

# Primo giorno in ufficio

Oggi è lunedì: il primo giorno di lavoro di Alessandra. Alle sette (7h00) si alza, fa la doccia e fa colazione con la famiglia Simoni. A colazione tutti prendono solo un tè o un caffè con alcuni biscotti; anche Alessandra non ha molta fame perché è un po' nervosa a causa del nuovo lavoro. Ma è già così tardi! Alessandra prende di corsa la metropolitana per andare in ufficio dove arriva puntuale, alle otto e mezza (8h30).

E che sorpresa! L'ufficio è nuovo, i colleghi e le colleghe sono molto simpatici, il lavoro davvero interessante e... il tempo vola! Sono già le dodici e trenta (12h30); Alessandra e Laura, la segretaria del direttore, vanno insieme a pranzo in mensa. Poi per un espresso al bar »Roma«, dove fanno amicizia con Marco, un ragazzo molto simpatico. Marco è medico e lavora lì vicino in un ospedale; invita Alessandra a uscire con lui mercoledì prossimo.

Anche il pomeriggio passa velocemente e alle cinque (17h00) Alessandra torna a casa.
La signora Simoni prepara una buona cena per festeggiare il primo giorno di lavoro di Alessandra; dopo cena, alle nove e mezzo (21h30), i ragazzi guardano un vecchio film con Sofia Loren alla TV. Un vecchio film, ma che brava attrice! Alle undici (23h00) Alessandra va a letto: è molto stanca ma contenta.

## O primeiro dia no escritório

Hoje é segunda-feira: o primeiro dia de Alessandra no trabalho. Ela se levanta às 7h, toma um banho e depois o café da manhã com a família Simoni. Todos tomam apenas uma xícara de chá ou café com alguns biscoitos; Alessandra também não está com muita fome. Sente-se um pouco nervosa por causa do novo trabalho. Oh, já é muito tarde! Alessandra corre para pegar o metrô que a leva ao escritório, aonde ela chega bem na hora, às 8h30.

E que surpresa boa! O escritório é novo, os colegas são todos muito simpáticos, o trabalho é interessante e... o tempo voa! Já é meio-dia e meia. Alessandra e Laura, a secretária do diretor, vão almoçar juntas no refeitório. Depois tomam um café no bar "Roma", onde fazem amizade com Marco, um jovem muito simpático. Marco é médico e trabalha em um hospital próximo. Ele convida Alessandra para sair na próxima quarta-feira.

A tarde também passa rapidamente e, às 17h, Alessandra vai para casa. A Senhora Simoni prepara uma boa refeição para comemorar o primeiro dia de trabalho de Alessandra. Depois do jantar, às 21h30, os jovens assistem a um velho filme com Sophia Loren na TV. O filme é antigo, mas que atriz! Às 23h, Alessandra vai para a cama. Ela está muito cansada, mas feliz.

### Verbos reflexivos

| | *lavarsi* | | | lavar-se |
|---|---|---|---|---|
| io | mi | lavo | eu | me lavo |
| tu | ti | lavi | tu | te lavas |
| lui, lei, Lei | si | lava | ele, ela | se lava |
| | | | você (formal) | se lava |
| noi | ci | laviamo | nós | nos lavamos |
| voi | vi | lavate | vós | vos lavais |
| loro | si | lavano | eles | se lavam |

Gramática — Lição 9

Os verbos reflexivos exigem os pronomes oblíquos **mi, ti, si, ci, vi, si**. Eles são colocados antes do verbo que está sendo conjugado.
*Mi lavo alle sette.*   Eu me lavo às sete.

No infinitivo, os pronomes são integrados ao verbo:
*lavar**si**.*   lavar-se
*vestir**si**.*   vestir-se

■ Alguns verbos são reflexivos em italiano, mas não em português:
*svegliarsi*   acordar, despertar
*addormentarsi*   adormecer

**Os dias da semana**

| | |
|---|---|
| **lunedì** | segunda-feira |
| **martedì** | terça-feira |
| **mercoledì** | quarta-feira |
| **giovedì** | quinta-feira |
| **venerdì** | sexta-feira |
| **sabato** | sábado |
| **domenica** | domingo |

Os dias da semana são geralmente grafados sem o artigo, exceto quando se pratica uma ação regularmente.

*Oggi è sabato.*   Hoje é sábado.
*La domenica vado al cinema.*   Aos domingos vou ao cinema.

## Informando as horas

| | |
|---|---|
| **Che ora è?** | È l'una. (1h00/13h00) |
| **Che ore sono?** | Sono le nove. (9h00/21h00) |
| Que horas são? | Sono le nove e cinque. (9h05) |
| | Sono le nove e un quarto. (9h15) |
| | Sono le nove e mezza/o. (9h30) |
| | Sono le dieci meno venti. (9h40) |
| | Sono le dieci meno un quarto. (9h45) |
| | È mezzogiorno. (12h00) |
| | È mezzanotte. (24h00) |
| **A che ora?** | A mezzogiorno. (12h00) |
| A que horas? | Alle sette. (7h00) |

**Exercício 1**

Complete o texto preenchendo as lacunas com a forma correta do verbo na primeira pessoa do singular.

La mattina (alzarsi) ........... alle sette, (andare) ........... in bagno, (vestirmi) ........... e poi (fare) ........... colazione. Alle otto e mezzo (portare) ........... mio figlio Luca a scuola e (andare) ........... a lavorare. (Essere) ........... impiegata in un ufficio dove (lavorare) ........... fino alle due. Il pomeriggio (fare) ........... la spesa, (prendere) ........... un caffè con le amiche, (riposarsi) ........... e spesso (leggere) ........... un buon libro. ▶

Exercício                                                                 Lição 9

Alle sette e mezza (mangiare) ............
con Luca e poi (giocare) ............ con
lui. Più tardi (guardare) ............ un film
alla televisione o (andare) ............
a teatro con amici. A mezzanotte (andare)
............ a letto e (addormentarsi)
............ .

**Use o exemplo para escrever frases curtas.**

Alessandra – impiegata – 9h00
Alessandra è impiegata e va a lavorare alle nove.

**1.** Mario – medico – 8h15

...........................................

**2.** Franca – cameriera – 16h00

...........................................

**3.** Silvia – insegnante – 8h30

...........................................

**4.** Andrea – architetto – 9h15

...........................................

**5.** Francesco – cantante – 10h00

...........................................

**6.** Teresa – infermiera – 6h45

...........................................

**7.** Sara – dentista – 9h30

...........................................

*Exercício 2*

Lição 9                                                              Exercício

**Exercício 3**

Complete com a forma correta dos verbos reflexivos.

1. La signora Rossi .......... (addormentarsi) sempre alle dieci.
2. Laura e Mario .......... (svegliarsi) molto presto.
3. (Noi) .......... (alzarsi) alle sette e mezza, .......... (vestirsi) e poi andiamo a lavorare.
4. (Io) .......... (chiamarsi) Renzo.
5. (Voi) non .......... (riposarsi)?

**Exercício 4**

Che ora è? Escreva os horários por extenso.

1. 6h35 ...........................
2. 21h03 ...........................
3. 9h15 ...........................
4. 24h00 ...........................
5. 11h40 ...........................
6. 13h30 ...........................
7. 15h10 ...........................
8. 12h00 ...........................
9. 8h00 ...........................

**Exercício 5**

Organize as palavras para formar frases completas.

1. la metropolitana – non – ma va – a piedi – Alessandra – prende – in ufficio.

   ...........................................

2. si – poi – lava – fa colazione – Valentina – si alza – e – alle sette.

   ...........................................

3. alla televisione – Masi – un film – Dopo cena – guarda – la famiglia.

   ...........................................

Exercício, vocabulário — Lição 9

**4.** chiama – La nuova – si – di Alessandra – amica – Laura.

..............................................

**5.** a letto – A mezzanotte – va – perché – Alessandra – è stanca.

..............................................

## Vocabulário

|  |  |
|---|---|
| a causa di | por causa de |
| addormentarsi | adormecer |
| alzarsi | levantar-se |
| amicizia f | amizade |
| architetto m | arquiteto |
| attore m | ator |
| attrice f | atriz |
| biscotto m | biscoito |
| cameriera f | garçonete |
| Che ora è? | Que horas são? |
| Che sorpresa! | Que surpresa! |
| chiamarsi | chamar-se |
| colazione f | café da manhã |
| collega m/f | colega |
| di corsa | correndo, na correria |
| direttore m | diretor |
| doccia f | ducha |
| dopo | depois |
| fare amicizia | fazer amizade |
| fare la doccia | tomar uma ducha |
| festeggiare | festejar |
| fino a | até |
| giovedì m | quinta-feira |
| il tempo vola | o tempo voa |
| impiegata f | empregada |
| infermiera f | enfermeira |
| insegnante m/f | professora |
| invitare | convidar |
| lavarsi | lavar-se |
| lì | lá |
| martedì m | terça-feira |
| medico m | médico |
| mensa f | refeitório |
| mercoledì m | quarta-feira |
| mezzanotte f | meia-noite |
| mezzogiorno m | meio-dia |
| nervoso | nervoso |
| nuovo | novo |
| ora di punta f | hora do *rush* |
| ora f | hora |
| ospedale m | hospital |
| passare | passar |
| pendolare m | usuário de transporte público |
| portare | trazer/levar |
| pranzo m | almoço |
| preparare | preparar |
| prossimo | próximo |
| puntuale | pontual |
| ragazzo m | rapaz |
| riposarsi | descansar |
| segretaria f | secretária |
| svegliarsi | acordar |

Lição 9 — Vocabulário, país e cultura

| | | | |
|---|---|---|---|
| **uscire** | sair | **vestirsi** | vestir-se |
| **velocemente** | rapidamente | **volare** | voar |
| **venerdì** *m* | sexta-feira | | |

## Transporte público na Itália

Os sistemas de transporte público nas cidades italianas não são tão extensos como em outras cidades europeias. Por isso, os usuários (**pendolari**) gastam um tempo considerável para chegar ao trabalho. Consequentemente, muitos trabalhadores optam por dirigir até o local de trabalho, o que frequentemente causa congestionamentos e acúmulo de veículos nas ruas principais durante a hora do *rush* (**ora di punta**).
O horário comercial, especialmente nos escritórios, começa tarde, geralmente às 9h da manhã.

LIÇÃO

## La sera, in un locale

**10**

*Marco:* Ci sediamo a questo tavolo, va bene?
*Alessandra:* Certo. Che bel locale, vieni spesso qui?
*Marco:* Sì, è il mio locale preferito; l'ambiente è simpatico, il mercoledì e il sabato suona un gruppo jazz molto bravo e poi è vicino a casa mia.
*Cameriere:* Buonasera, che cosa desiderate?
*Marco:* Io ho fame, vorrei... un piatto di tagliatelle verdi e da bere una birra scura media. E tu Alessandra, prendi qualcosa?
*Alessandra:* Sì, volentieri. Vorrei un succo di frutta e un gelato misto.
*Cameriere:* Va bene.

*Alessandra:* Marco, che cosa fai di solito nel tuo tempo libero?
*Marco:* Lavoro molto in ospedale in questo periodo, ma quando ho un po' di tempo leggo volentieri un buon libro, ascolto musica jazz e gioco a tennis con mio fratello e con due colleghi di lavoro.

Lição 10 — Diálogo

> *Alessandra:* Anch'io gioco a tennis, ma qui a Milano non conosco nessuno.
> *Marco:* Vieni a giocare con noi, giochiamo sempre il sabato mattina alle dieci.
> *Alessandra:* È un'ottima idea. Vengo senz'altro.
> *Marco:* Oh, ecco il tuo gelato e il succo di frutta. E questa è la mia pasta e la birra. Grazie. Ah, scusi vorrei ancora un'acqua minerale naturale.
> *Cameriere:* Arriva subito.
>
> *Alessandra:* Sei d'accordo se andiamo a casa? È già piuttosto tardi.
> *Marco:* Certo, anch'io sono un po' stanco. Cameriere, il conto per favore.
> *Cameriere:* Fanno diciannove euro.
> *Marco:* Ecco a Lei. Arrivederci.
> *Cameriere:* Arrivederci e grazie.
> *Alessandra:* Grazie per l'invito e la bella serata Marco. Allora, ci vediamo sabato per il tennis?
> *Marco:* Sì, ti telefono venerdì sera.
> *Alessandra:* Ok. A venerdì.
> *Marco:* Ciao e buonanotte.

## Uma noite em um restaurante

*Marco:* Esta mesa está bem?
*Alessandra:* Sim. Que restaurante agradável. Você vem sempre aqui?
*Marco:* Sim, é meu restaurante favorito; o ambiente é simpático. Às quartas e aos sábados toca uma banda de jazz muito boa, e é perto da minha casa.
*Garçom:* Boa noite, o que vão querer?
*Marco:* Eu estou com fome. Gostaria de... um "tagliatelle verdi" e meio litro de cerveja escura. E você, Alessandra, vai querer algo?

Diálogo, gramática — Lição 10

*Alessandra:* Sim, gostaria de um suco de frutas e um sorvete misto.
*Garçon:* OK.
*Alessandra:* Marco, o que você costuma fazer nas horas vagas?
*Marco:* Atualmente tenho passado muitas horas no hospital, mas, quando tenho um pouco de tempo livre, gosto de ler um bom livro, ouvir *jazz* e jogar tênis com meu irmão e mais dois colegas de trabalho.
*Alessandra:* Eu também jogo tênis, mas não conheço ninguém aqui em Milão.
*Marco:* Venha jogar conosco, nós sempre jogamos aos sábados de manhã, às dez horas.
*Alessandra:* É uma ótima ideia. Eu vou com certeza.
*Marco:* Oh, aqui estão seu sorvete e seu suco de frutas. E este é meu macarrão, com a cerveja. Obrigado. Desculpe, eu também gostaria de uma água mineral natural.
*Garçom:* Trago já.

*Alessandra:* Está OK para você se formos embora agora? Já é bem tarde.
*Marco:* Claro, estou um pouco cansado também. Garçom, a conta, por favor.
*Garçom:* São 19 euros.
*Marco:* Aqui estão. Até logo.
*Garçom:* Até logo e obrigado.
*Alessandra:* Obrigada pelo convite e pela noite agradável, Marco. Bem, nos veremos para o jogo de tênis no sábado, então?
*Marco:* Sim, te ligo na sexta à noite.
*Alessandra:* OK, até sexta.
*Marco:* Tchau e boa noite.

| **bere** | **(beber)** | | |
|---|---|---|---|
| *io* | bevo | *noi* | beviamo |
| *tu* | bevi | *voi* | bevete |
| *lui, lei, Lei* | beve | *loro* | bevono |

Lição 10 — Gramática

**Pronomes possessivos**

*singular*

| *masculino* | | *feminino* | |
|---|---|---|---|
| il **mio** | meu | la **mia** | minha |
| il **tuo** | teu | la **tua** | tua |
| il **suo** | seu/dele | la **sua** | sua/dela |
| il **nostro** | nosso | la **nostra** | nossa |
| il **vostro** | vosso | la **vostra** | vossa |
| il **loro** | seus/deles | la **loro** | suas/delas |

*plural*

| *masculino* | | *feminino* | |
|---|---|---|---|
| i **miei** | meus | le **mie** | minhas |
| i **tuoi** | teus | le **tue** | tuas |
| i **suoi** | seus/deles | le **sue** | suas/delas |
| i **nostri** | nossos | le **nostre** | nossas |
| i **vostri** | vossos | le **vostre** | vossas |
| i **loro** | seus/deles | le **loro** | suas/delas |

No italiano, os pronomes possessivos concordam em gênero e número com o objeto a que se referem.

*il suo letto*  o seu leito (a sua cama)
*la sua casa*  a sua casa

**Loro** permanece sem modificações.

Os pronomes possessivos são geralmente usados com o artigo definido.

*la mia macchina*  o meu carro

Exceção: o artigo é omitido quando nos referimos aos parentes.

*mio padre*  meu pai

Sempre use o artigo:
– com **loro**  *la loro figlia*  a filha deles
– referindo-se aos parentes, no plural
  *i vostri figli*  os seus filhos
– quando se referir a um parente específico e quando usar formas afetuosas para se referir a alguém
  *il mio fratello maggiore*  o meu irmão mais velho
  *la mia mammina*  a minha mãezinha

Gramática, exercício                                           Lição 10

> ■ O artigo pode ser omitido quando se referir a uma posse previamente mencionada, nos casos em que **essere** + **pronome possessivo** são usados.
> **Di chi è questa bicicletta?** De quem é esta bicicleta?
> **È (la) mia.**                     É minha.
>
> O pronome possessivo também pode ser usado sem o artigo em várias expressões idiomáticas:
> **Mamma mia!**     Minha nossa!
> **A casa mia.**    Na minha casa.

Complete as frases preenchendo com a forma correta do pronome possessivo – com ou sem o artigo.

*mio*

1. Oggi vado a giocare a golf con ....... amica Silvia.
2. ....... collega è davvero antipatico.
3. Carla viene a cena a casa .......
4. Faccio un giro in centro con ....... fratelli.

*tuo*

1. Di chi è questo vestito? È .......?
2. Vado due settimane a San Remo con ....... sorella.
3. Sono belle ....... fotografie?
4. ....... padre ti telefona domani.

Exercício 1

# Lição 10 — Exercício

***nostro***

1. Vado a fare una passeggiata con ....... bambine.
2. Ecco ....... amici italiani!
3. ....... televisione è rotta.
4. ....... fratelli si chiamano Marco e Luigi.

***vostro***

1. ....... casa è molto bella.
2. Come stanno ....... sorelle?
3. ....... lavoro è davvero interessante.
4. Dove sono ....... valigie?

## Exercício 2

Complete com a forma correta de ***suo*** e ***loro***.

1. Antonella e Ivano vanno a trovare ........ genitori.
2. Sono i libri di Gabriele? Sì sono ...........
3. Maria ascolta ........ dischi di musica classica.
4. I signori Rossi vengono a Monaco con ........ macchina.
5. Lei abita a casa di ........ sorella.
6. Laura e Marta amano ........ nonni.

Exercício                                              Lição 10

| Quais as partes que se completam? | 1. Vorrei | a gioco a tennis con mia sorella. |
|---|---|---|
| | 2. Scusi, | b grazie. |
| | 3. Buonasera, che cosa | c il mio bar preferito. |
| | 4. Mille | d una coca-cola, per favore. |
| | 5. La domenica | e c'è un ristorante qui vicino? |
| | 6. Questo è | f prendete? |

*Exercício 3*

| Use a forma correta de *bere* para criar frases completas. | Il tuo amico Marco | un caffè |
|---|---|---|
| | Tu | un'aranciata |
| | Paola | un martini |
| | Voi | un tè |
| | Andrea e Luca | una cioccolata |
| | Noi | un cognac |
| | Io | un'acqua minerale |
| | I miei genitori | un cappuccino |

*Exercício 4*

| Você se lembra de como escrever estes números? | 1. | 89 ........................... |
|---|---|---|
| | 2. | 146 ........................... |
| | 3. | 1.580 ........................... |
| | 4. | 120.000 ........................... |
| | 5. | 376 ........................... |
| | 6. | 5.300.000 ........................... |
| | 7. | 2.610 ........................... |
| | 8. | 21.000 ........................... |

*Exercício 5*

NOVANTATRÉ

## Lição 10 — Exercício, vocabulário

**Exercício 6**

Forme quatro grupos de palavras que se relacionem.

| letto | metropolitana | zucchini | fratello |
|---|---|---|---|
| zio | autobus | sedia | arancia |
| broccoli | macchina | treno | tavolo |
| insalata | lampada | figlia | nonno |

..................................................
..................................................
..................................................
..................................................

---

**Vocabulário**

| | |
|---|---|
| acqua minerale naturale *f* | água mineral natural |
| ambiente *m* | ambiente |
| anch'io | eu também |
| antipatico | antipático |
| bambino *m* | criança |
| bere | beber |
| bicicletta *f* | bicicleta |
| broccolo *m* | brócolis |
| buonanotte | boa noite |
| cameriere *m* | garçom |
| ci vediamo | a gente se vê |
| cioccolata *f* | chocolate quente (bebida) |
| conoscere | conhecer, dar a conhecer |
| conto *m* | conta (no restaurante) |
| desiderare | desejar |
| di solito | normalmente |
| fotografia *f* | fotografia |
| gelato misto *m* | sorvete com vários sabores |
| **golf** *m* | golfe |
| **gruppo** *m* | grupo |
| **invito** *m* | convite |
| **lampada** *f* | lâmpada |
| **locale** *m* | restaurante, bar |
| **mancia** *f* | gorjeta |
| **media** | (*aqui:*) meio litro de cerveja |
| **mio** | meu |
| **non nessuno** | nenhum |
| **nonni** *m pl* | avôs |
| **ottimo** | ótimo |
| **periodo** *m* | período |
| **piatto** *m* | prato |
| **piuttosto** | mais que, melhor |
| **preferito** | preferido |
| **qualcosa** | alguma coisa |
| **rotto** | quebrado |
| **scuro** | escuro |
| **senz'altro** | certamente |
| **serata** *f* | noite, noitada |

Vocabulário, país e cultura — Lição 10

| | | | |
|---|---|---|---|
| **sorella** *f* | irmã | **telefonare** | telefonar |
| **succo** | suco de fruta | **ti telefono** | te telefono |
| **di frutta** *m* | | **verde** | verde |
| **tagliatelle** *fpl* | tagliatelle (massa) | **vorrei** | eu gostaria |
| | | **zucchino** *m* | abobrinha |

### *Quem paga?*

Nunca peça contas separadas para os vários membros de um encontro em um restaurante italiano; ou uma pessoa paga tudo – na expectativa de que da próxima vez ela seja convidada pelos outros – ou a conta é dividida internamente entre aqueles que estão à mesa (**pagare alla romana**).

O tradicional modelo dos papéis masculino e feminino ainda prevalece; portanto, a expectativa é de que o homem convide a mulher. A gorjeta para o garçom, **la mancia**, é esperada por aqueles que estão prestando serviço, ainda que não haja regra sobre o valor a ser deixado. Mas nunca adicione a gorjeta à conta; simplesmente coloque-a sobre a mesa depois de pagar.

# Teste 2

**1** Escolha uma das duas respostas e vá para o quadro com o número escolhido.

**2** ... in treno.

Ando ⇨ 9
Vado ⇨ 13

**6** Bom! Continue: Vado a lavorare alle ... (8:30).

otto e mezza ⇨ 8
nove e mezza ⇨ 28

**7** Errado!

Volte para o número 27.

**11** Errado!

Volte para o número 22.

**12** Errado!

Volte para o número 17.

**16** Errado!

Volte para o número 13.

**17** Bom! Continue:

Prendo le tue ... .

valigie ⇨ 25
valige ⇨ 12

**21** Errado!

Volte para o número 29.

**22** Muito bom! Continue:

Sono ... Napoli.

da ⇨ 11
di ⇨ 20

**26** Errado!

Volte para o número 4.

**27** Certo! Continue:

Sara e Luca ... a casa domani.

vengono ⇨ 4
veniamo ⇨ 7

# Teste 2

**3** Errado!
Volte para o número 24.

**4** Ótimo! Continue:
A che ora vai ... letto?

in ⇨ 26
a ⇨ 17

**5** Errado!
Volte para o número 20.

**8** Ótimo! Continue:
Vado a pranzo ...

da mia figlia ⇨ 27
dalla mia figlia ⇨ 19

**9** Errado!
Volte para o número 2.

**10** Certo! Continue:
Sandro ... alle sette.

ti alzi ⇨ 14
si alza ⇨ 22

**13** Bom! Continue:
... anni hai?

Quali ⇨ 16
Quanti ⇨ 24

**14** Errado!
Volte para o número 10.

**15** Certo! Continue:
Rita va ... ufficio a piedi.

in ⇨ 10
a ⇨ 23

**18** Bom! Continue:
... fai stasera?

Chi ⇨ 30
Che cosa ⇨ 6

**19** Errado!
Volte para o número 8.

**20** Muito bom! Continue:
Noi ... a tennis.

giociamo ⇨ 5
giochiamo ⇨ 29

**23** Errado!
Volte para o número 15.

**24** Bom! Continue:
Kurt e Andreas sono ... .

tedeschi ⇨ 15
tedesci ⇨ 3

**25** Certo!
Fim do exercício!

**28** Errado!
Volte para o número 6.

**29** Ótimo! Continue:
I signori Donati prendono ... macchina.

la sua ⇨ 21
la loro ⇨ 18

**30** Errado!
Volte para o número 18.

## LIÇÃO 11

# Un fine settimana al mare

*Alessandra:* Che cosa fai questo fine settimana?
*Valentina:* Niente di speciale, e tu? Devi lavorare?
*Alessandra:* No, voglio fare una gita, forse visitare una città. Vuoi venire con me?
*Valentina:* Perché no? Però fa un po' troppo caldo per passare il fine settimana in città!
*Alessandra:* Ho un'idea! Perché non andiamo due giorni al mare? Possiamo prendere il treno venerdì pomeriggio e tornare domenica sera.
*Valentina:* È un'ottima idea. Possiamo andare a Lerici; conosco una piccola pensione vicino alla spiaggia, è tranquilla e costa poco. Devo prenotare due camere?
*Alessandra:* Sì, e io compro i biglietti e prenoto i posti in treno.
*Valentina:* Che bello! Possiamo andare in spiaggia, prendere il sole, nuotare, andare al ristorante e poi voglio anche andare dalla mia amica Elisabetta. Non vedo l'ora!

Diálogo   Lição 11

*Portiere:* Pensione Rosina, buongiorno.
*Valentina:* Buongiorno, vorrei prenotare due camere singole per venerdì e sabato.
*Portiere:* Mi dispiace abbiamo solo camere doppie o matrimoniali.
*Valentina:* Allora prendo una doppia, per favore. Ha il bagno?
*Portiere:* Sì, e anche un balcone con vista sul mare.
*Valentina:* Quanto costa?
*Portiere:* Cinquantacinque euro a notte, compresa la prima colazione.
*Valentina:* Va bene, allora grazie e... a venerdì.
*Portiere:* Grazie a Lei. Buona giornata.

## Um fim de semana na praia

*Alessandra:* O que você vai fazer no fim de semana?
*Valentina:* Nada de especial, e você? Vai trabalhar?
*Alessandra:* Não, quero fazer um passeio, talvez visitar uma outra cidade. Quer vir comigo?
*Valentina:* Por que não? Mas está um pouco quente para passar o fim de semana na cidade.
*Alessandra:* Eu tenho uma ideia! Por que não vamos para o litoral? Poderíamos tomar o trem na sexta à tarde e voltar no domingo à noite.
*Valentina:* É uma grande ideia. Poderíamos ir a Lerici. Eu conheço uma pequena pousada bem perto da praia. É tranquila e não é cara. Devo reservar dois quartos?
*Alessandra:* Sim, e eu compro as passagens e reservo os lugares no trem.
*Valentina:* Que bom! Podemos ir à praia, tomar sol, nadar e ir a um bom restaurante. E também quero visitar minha amiga Elisabetta. Não vejo a hora!
*Recepcionista:* Pousada Rosina, bom dia.
*Valentina:* Bom dia, eu gostaria de reservar dois quartos de solteiro para sexta e sábado.
*Recepcionista:* Desculpe, mas só temos quartos duplos e quartos com cama de casal.

| | | | |
|---|---|---|---|
| *Valentina:* | Bem, vou ficar com um quarto duplo então, por favor. Tem banheiro? |
| *Recepcionista:* | Sim, e também uma sacada com vista para o mar. |
| *Valentina:* | Quanto custa? |
| *Recepcionista:* | 55 euros o pernoite, incluindo café da manhã. |
| *Valentina:* | OK, obrigada... nos vemos na sexta. |
| *Recepcionista:* | Obrigado a você também. Tenha um bom dia. |

### sapere (saber)

| | | | |
|---|---|---|---|
| *io* | so | *noi* | sappiamo |
| *tu* | sai | *voi* | sapete |
| *lui, lei, Lei* | sa | *loro* | sanno |

O verbo **sapere** significa tanto **saber** quanto **estar apto a**, caso no qual aparece junto a uma construção no infinitivo:

*Non lo so.* Não sei.
*Non so nuotare.* Não sei nadar.

### Verbos modais (auxiliares que indicam desejo, probabilidade, necessidade etc.)

| | **potere** | **volere** | **dovere** |
|---|---|---|---|
| *io* | posso | voglio | devo |
| *tu* | puoi | vuoi | devi |
| *lui, lei, Lei* | può | vuole | deve |
| *noi* | possiamo | vogliamo | dobbiamo |
| *voi* | potete | volete | dovete |
| *loro* | possono | vogliono | devono |

Os verbos **volere, dovere** e **potere** são usados com o infinitivo:

*Devo andare a casa.* Tenho de ir para casa.

Gramática, exercício — Lição 11

> **Potere** significa **estar apto a** e **ter permissão para**.
>
> **Dovere** significa **devo/tenho que**.
>
> **Vorrei** é frequentemente usado no lugar de **voglio** como uma forma mais polida:
> *Vorrei un caffè.*  Gostaria de um café.

### Preposições + artigo definido

|    | il  | lo    | l'    | la    | i   | gli   | le    |
|----|-----|-------|-------|-------|-----|-------|-------|
| di | del | dello | dell' | della | dei | degli | delle |
| a  | al  | allo  | all'  | alla  | ai  | agli  | alle  |
| da | dal | dallo | dall' | dalla | dai | dagli | dalle |
| in | nel | nello | nell' | nella | nei | negli | nelle |
| su | sul | sullo | sull' | sulla | sui | sugli | sulle |

Quando as preposições *di, a, da, in, su* são usadas com o artigo definido, formam uma só palavra: **a + il = al mare**

A preposição **con** também pode ser combinada com os artigos **il** e **i**:

*Faccio una passeggiata col cane/coi cani.*
Faço um passeio **com o** cachorro/**com os** cachorros.

---

**Complete com a forma correta dos verbos modais.**

*Exercício 1*

(Io) ………. (volere) comprare un biglietto per Venezia. (Io) ………… (potere) partire sabato mattina ma ………… (dovere) già tornare lunedì sera. (Io) ………… (dovere) comprare un dizionario perché non ………… (sapere) parlare bene l'italiano.

Lição 11 — Exercício

**Exercício 2**

Repita o exercício 1, preenchendo com a terceira pessoa do singular e do plural.

(Lui) ...............................
...............................

(Loro) ...............................
...............................

---

**Exercício 3**

Complete as frases com as formas verbais fornecidas.

volete – so – puoi – devo – dovete – sappiamo – posso – vogliono.

**1.** Se (voi) .......... andare in macchina .......... pagare la benzina.

**2.** (Loro) .......... comprare una casa nuova.

**3.** Mi dispiace, non .......... venire al cinema, ........... lavorare.

**4.** (Noi) non .......... giocare a tennis.

**5.** (Tu) .......... aprire la porta?

**6.** (Io) .......... parlare bene l'inglese.

---

**Exercício 4**

Complete com a forma correta da preposição + artigo definido.

*A*
Andiamo ..... mare. Vengo ..... stazione. Vanno ..... mercato. Vado ..... zoo.

*DI*
Tom è il cane ..... mia amica. Questo è il bar .... albergo. Prendi i libri .... studenti.

*DA*
Va ..... dentista. Veniamo ..... stazione. Vado ..... miei amici.

*IN*
La sedia è ..... nostra camera. La birra è ..... frigorifero. Vado ..... musei.

Exercício, vocabulário — Lição 11

**SU**
Il giornale è ..... tavolo. La camera ha
un balcone .... mare. I fiori sono .... scrivania.

### Exercício 5

Quais preposições – com ou sem o artigo – estão faltando?

1. Vado ..... Genova ..... treno.

2. Pietro e Susanna vanno ..... cinema ..... loro amici francesi.

3. Sei ..... Milano? Sì ma vivo ..... Napoli.

4. Per favore, vai ..... supermercato e compra una bottiglia ..... vino.

### Exercício 6

Che cosa fa Giovanni questa settimana?
Escreva frases curtas.

Lunedì mattina alle otto e mezza Giovanni va all'università.

|  | mattina | pomeriggio | sera |
|---|---|---|---|
| lunedì | 8h30 Università | 16h30 medico | |
| martedì | | | teatro |
| mercoledì | | 19h30 tennis! | |
| giovedì | | | opera |
| venerdì | 11h15 parco | | |
| sabato | | 13h00 pranzo da Carla | |
| domenica | | 16h00 partita di calcio | |

### Vocabulário

| | |
|---|---|
| **a notte** | à noite |
| **balcone** *m* | sacada |
| **benzina** *f* | gasolina |
| **biglietto** *m* | bilhete, passagem |
| **bottiglia** *f* | garrafa |
| **camera doppia** *f* | quarto duplo (duas camas de solteiro) |
| **camera matrimoniale** *f* | quarto de casal |

| | | | |
|---|---|---|---|
| camera singola *f* | quarto de solteiro | però | mas, porém |
| cane *m* | cachorro, cão | poco | pouco |
| compreso | incluído | ponte *m* | ponte |
| con me | comigo | posto *m* | posto, local |
| dizionario *m* | dicionário | potere | estar apto/ter permissão |
| dovere | dever, ter que | prendere il sole | tomar sol |
| ferie *f pl* | férias | prenotare | reservar, agendar |
| fiore *m* | flor | | |
| giornata *f* | dia | prima colazione *f* | café da manhã |
| gita *f* | passeio | | |
| mercato *m* | mercado | scrivania *f* | escrivaninha, mesa de trabalho |
| museo *m* | museu | | |
| niente | nada | | |
| niente di speciale | nada de especial | sul mare | perto do mar |
| | | supermercato *m* | supermercado |
| non vedo l'ora | não vejo a hora, mal posso esperar | troppo | demais |
| | | università *f* | universidade |
| | | visitare | visitar |
| parco *m* | parque | vista *f* | vista |
| passaporto *m* | passaporte | volere | querer |
| pensione *f* | pousada | zoo *m* | zoológico |

## Férias "all'italiana"

Agosto é o mês de férias na Itália: além de a maioria dos escritórios e fábricas fechar as portas, virtualmente todos os estabelecimentos estão **chiuso per ferie** (fechado para férias). O dia 15 de agosto, chamado de **Ferragosto**, é o auge da temporada, quando as cidades italianas ficam quase abandonadas! Na verdade, os italianos gostam de viajar ao longo do ano todo. Tirar pequenas folgas entre um fim de semana e outro, **fare il ponte,** é muito comum, especialmente quando há feriado no meio da semana e se pode tirar dois dias a mais.

LIÇÃO 12

# Il lunedì in ufficio

*Laura:* Ciao Alessandra.
*Alessandra:* Ciao.
*Laura:* Sei in ritardo oggi!
*Alessandra:* Sono in ritardo perché non ho sentito la sveglia. Ieri sera sono andata a letto molto tardi.
*Laura:* Ah ah, e che cosa hai fatto?
*Alessandra:* Ho passato il fine settimana con Valentina al mare e siamo arrivate a casa solo a mezzanotte.
*Laura:* Dove siete state?
*Alessandra:* A Lerici, in Liguria.
*Laura:* E che cosa avete fatto di bello? Sicuramente avete preso il sole, sei abbronzata.
*Alessandra:* Eh sì, il tempo è stato davvero bello, ma non siamo state solo al sole. Sabato siamo andate

# Lição 12 — Diálogo

|  |  |
|---|---|
|  | a visitare il paese e poi abbiamo fatto una gita in barca; la sera abbiamo mangiato dell'ottimo pesce in un ristorante all'aperto e dopo siamo andate a ballare con degli amici di Valentina. Domenica abbiamo dormito fino a tardi e poi siamo andate ancora un po' in spiaggia; abbiamo preso il sole e giocato a pallavolo! Mi sono proprio divertita! |
| *Laura:* | Che fortuna! Se penso che io sabato ho lavorato tutto il giorno ... |
| *Alessandra:* | Oh, mi dispiace. E ieri che cosa hai fatto? |
| *Laura:* | Sono andata da mia sorella, sul lago di Como e alla sera al cinema con il mio ragazzo. |
| *Alessandra:* | Allora hai passato anche tu una bella domenica. |
| *Laura:* | Eh sì, ma purtroppo oggi è lunedì e dobbiamo proprio cominciare a lavorare! |

## Segunda-feira no escritório

| | |
|---|---|
| *Laura:* | Oi, Alessandra. |
| *Alessandra:* | Olá. |
| *Laura:* | Está atrasada hoje! |
| *Alessandra:* | Estou porque não ouvi o despertador. Fui para a cama muito tarde ontem à noite. |
| *Laura:* | Ahnnn... E o que você esteve fazendo? |
| *Alessandra:* | Eu passei o fim de semana no litoral com Valentina e só voltamos à meia-noite. |
| *Laura:* | Aonde vocês foram? |
| *Alessandra:* | Para Lerici, na Ligúria. |
| *Laura:* | E o que fizeram de bom por lá? Deve ter tomado sol, porque está bronzeada. |
| *Alessandra:* | Sim, o tempo estava muito bom, mas nós não ficamos só tomando sol. No sábado fomos ao campo e depois demos uma volta de barco. |

Diálogo, gramática — Lição 12

|  |  |
|---|---|
|  | À noite comemos um peixe excelente em um restaurante ao ar livre, e depois fomos dançar com alguns amigos de Valentina. No domingo dormimos até tarde e fomos à praia, onde tomamos sol e jogamos vôlei. Eu me diverti muito! |
| *Laura:* | Sorte sua! Eu estava aqui pensando que tive de trabalhar no sábado o dia todo... |
| *Alessandra:* | Oh, sinto muito. E o que você fez ontem? |
| *Laura:* | Fui ver minha irmã no lago Como e à noite fui ao cinema com meu namorado. |
| *Alessandra:* | Bem, então você também teve um bom domingo. |
| *Laura:* | Sim, tive, mas infelizmente hoje é segunda e temos de começar a trabalhar! |

### Pretérito perfeito (I)

|  |  | mangiare |  | andare |
|---|---|---|---|---|
| io | **ho** | mangiato | **sono** | andato/a |
| tu | **hai** | mangiato | **sei** | andato/a |
| lui, lei, Lei | **ha** | mangiato | **è** | andato/a |
| noi | **abbiamo** | mangiato | **siamo** | andati/e |
| voi | **avete** | mangiato | **siete** | andati/e |
| loro | **hanno** | mangiato | **sono** | andati/e |

Em italiano, o pretérito perfeito é formado com o presente do indicativo dos verbos auxiliares **avere** ou **essere** e o **particípio passado** do respectivo verbo.
O particípio passado é formado a partir da raiz do infinitivo.

| 1ª conj. | **-ato** | mangiare | mangi**ato** |
| 2ª conj. | **-uto** | avere | av**uto** |
| 3ª conj. | **-ito** | dormire | dorm**ito** |

# Lição 12 — Gramática, exercício

> **Muitos verbos têm particípio passado irregular.**
>
> | | | | | | |
> |---|---|---|---|---|---|
> | essere | **stato** | stare | **stato** | fare | **fatto** |
> | leggere | **letto** | venire | **venuto** | vedere | **visto** |
> | aprire | **aperto** | scrivere | **scritto** | perdere | **perso** |
> | prendere | **preso** | mettere | **messo** | chiedere | **chiesto** |
> | chiudere | **chiuso** | rispondere | **risposto** | | |
>
> Particípios passados formados com **avere** permanecem imutáveis:
> *Laura ha lavorato molto.*
> *Marco e Pietro hanno lavorato molto.*
>
> Contudo, particípios passados formados com **essere** concordam com o gênero e o número do sujeito:
> *Carlo è andato a scuola.*
> *Silvia è andata a scuola.*
> *Aldo e Gino sono andati a scuola.*
> *Anna e Assunta sono andate a scuola.*

**Exercício 1** — Preencha as lacunas com verbos no infinitivo e no particípio passado.

1. guardare ..................
2. .................. letto
3. scrivere ..................
4. .................. chiuso
5. dormire ..................
6. .................. aperto
7. essere ..................
8. .................. suonato
9. prendere ..................
10. .................. visitato

Lição 12

## Exercício 2

**Complete as frases com o particípio.**
Preste muita atenção nas terminações!

1. fare — Maria ha ......... una gita in montagna.
2. sentire — (Io) ho ......... musica classica tutta la domenica.
3. andare — Matteo e Paolo sono ......... a Torino.
4. prendere — (Voi) avete ......... il sole in spiaggia.
5. lavorare — Non (loro) hanno ......... ieri?
6. essere — La nonna non è mai ......... in America.
7. arrivare — (Noi) siamo ......... alle nove e mezza.
8. chiudere — (Tu) hai ......... la finestra?

## Exercício 3

Reescreva as sentenças no pretérito perfeito.

*avere*

1. Tua madre guarda la TV.

   ...............................

3. Tu senti la radio.

   ...............................

5. (Loro) prendono il tram.

   ...............................

7. (Noi) apriamo la porta.

   ...............................

*essere*

2. (Io) vado al mare.

   ...............................

4. (Voi) tornate a casa.

   ...............................

6. Massimo viene con noi.

   ...............................

8. Loro arrivano alle sette.

   ...............................

CENTONOVE

Lição 12 — Exercício

## Exercício 4

**Reescreva as frases no pretérito perfeito.**

Lisa mette i vestiti nell'armadio.
Lisa ha messo i vestiti nell'armadio.

**1.** Rispondo alla lettera di mio papà.

..............................................

**2.** (Tu) chiedi al cameriere una birra.

..............................................

**3.** Nora perde l'autobus.

..............................................

**4.** Massimo scrive un libro di storia.

..............................................

**5.** (Noi) mettiamo la televisione in soggiorno.

..............................................

## Exercício 5

**Coloque os verbos no pretérito perfeito e arrume novamente as frases na sequência correta.**

**1.** Al pomeriggio Francesco legge un libro e Alberta scrive alcune lettere.

**2.** Arrivano a casa alle undici e mezzo e vanno subito a letto.

**3.** Alberta e Francesco fanno colazione a letto.

**4.** All'una vanno insieme a pranzo dalla zia di Alberta.

**5.** Alle otto vanno a teatro e poi a cena in un ristorante messicano.

**6.** Dopo colazione Alberta va in chiesa e Francesco fa una passeggiata in centro.

# Exercício — Lição 12

Che cosa hanno fatto domenica Alberta e Francesco?

1. Alberta e Francesco hanno fatto colazione a letto.

2. ........................................

........................................

---

**Escolha as preposições apropriadas.**

*alla    a    in    nell'    dallo*
*dai    di    del    sul    con*

*Exercício 6*

1. La lampada è ....... tavolo.

2. I signori Battaglia sono andati ....... banca.

3. I bicchieri sono ....... armadio.

4. Siamo andati ....... piedi.

5. Questa è la bicicletta ....... mia sorella.

6. Antonio o Vincenzo vanno ....... loro genitori.

7. Mia sorella è andata al mare ....... Nicola.

8. Venite anche voi ....... stazione.

9. Stasera vado ....... zio a cena.

10. Questo è Paolo, il figlio ....... nostro dottore.

Lição 12 — Vocabulário, país e cultura

## Vocabulário

| | |
|---|---|
| abbronzato | bronzeado |
| all'aperto | ao ar livre, aberto |
| America *f* | América |
| ballare | dançar |
| barca *f* | barco |
| Che fortuna! | (*aqui:*) "Sorte sua!" |
| chiesa *f* | igreja |
| classico | clássico |
| divertirsi | divertir-se |
| dottore *m* | doutor |
| essere in ritardo | estar atrasado |
| finestra *f* | janela |
| ieri | ontem |
| lettera *f* | carta |
| messicano | mexicano |
| mettere | pôr, colocar |
| paese *m* | região, país, aldeia |
| pensare | pensar |
| perdere | perder |
| pesce *m* | peixe |
| purtroppo | infelizmente |
| rispondere | responder |
| ritardo *m* | atraso |
| scrivere | escrever |
| sicuramente | com certeza |
| sul lago | no lago |
| sveglia *f* | despertador |
| tifoso *m* | (esportes) fã, fanático |
| tutto il giorno | o dia todo |

### "Tifosi" – em todo lugar!

Nas manhãs de segunda-feira as conversas em toda a Itália se concentram em um único tema: **calcio** (futebol). Esteja preparado! Nas tardes de domingo, você vai notar quantos italianos andam com seus rádios portáteis ligados para não perder os acontecimentos. Ao longo da semana, tudo gira em torno das dicas e palpites para a **schedina del Totocalcio** (loteria esportiva). A própria loteria se tornou algo como um esporte: um passatempo nacional!

# Lo zio d'America

## 13

| | |
|---|---|
| *Alessandra:* | Stefano, ieri sera ho guardato le vecchie fotografie della vostra famiglia e in una c'è un signore coi baffi davanti alla statua della libertà a New York. Ma chi è? |
| *Stefano:* | Ah, è il famoso zio Gianni. |
| *Alessandra:* | Uno zio? E perché è famoso? |
| *Stefano:* | A dire la verità non è mio zio, è lo zio della mamma ed è famoso perché ha avuto una vita piuttosto movimentata. |
| *Alessandra:* | Davvero? Racconta! |
| *Stefano:* | È nato in piccolo paese vicino a Milano, il 3 febbraio 1910 (millenovecentodieci) – lo so perché il 3 febbraio è anche il mio compleanno – e a diciotto anni è andato via di casa, o meglio è emigrato in America. |
| *Alessandra:* | Beh, questo non è strano, molti italiani sono emigrati in America tra la fine del 1800 e l'inizio del 1900. |
| *Stefano:* | È vero ma lo zio Gianni ha fatto fortuna ed è diventato molto ricco! Ha aperto una pasticceria e poi due, tre, e così via. Un giorno ha conosciuto una ragazza argentina, ha venduto tutto e si è trasferito in Sud America. |
| *Alessandra:* | E poi? |

▶

# Lição 13 — Diálogo

> *Stefano:* Ha comprato una fattoria e della terra ed è diventato... un contadino! Ha viaggiato molto ma non è mai tornato in Italia. È morto solo cinque anni fa.
> *Alessandra:* Ha avuto dei figli?
> *Stefano:* Sì, figli e nipoti.
> *Alessandra:* Allora hai dei cugini in Argentina?
> *Stefano:* Sì, non ci siamo mai visti, ma ci scriviamo sempre gli auguri di Natale.
> *Alessandra:* Perché non fai un viaggio in Argentina?
> *Stefano:* Hai ragione, è una bella idea; forse dopo gli esami di maturità, se papà paga il viaggio!!

## O tio da América

*Alessandra:* Stefano, na noite passada eu estava dando uma olhada nas fotografias antigas de sua família e em uma delas havia um homem de bigode em frente à Estátua da Liberdade, em Nova York. Quem é ele?
*Stefano:* Oh, aquele é o famoso tio Gianni.
*Alessandra:* Um tio? Por que ele é famoso?
*Stefano:* Para dizer a verdade, ele não é meu tio, é tio da minha mãe, e é famoso porque teve uma vida das mais excitantes.
*Alessandra:* É mesmo? Me conte mais!
*Stefano:* Ele nasceu numa cidade pequena perto de Milão no dia 3 de fevereiro de 1910 – eu sei disso porque dia 3 de fevereiro é meu aniversário também – e com 18 anos ele saiu de casa, ou melhor, emigrou para a América.
*Alessandra:* Bem, isso não é incomum, muitos italianos emigraram para a América no final do século XIX e início do século XX.
*Stefano:* É isso mesmo, mas meu tio fez fortuna lá e ficou muito rico! Ele abriu uma confeitaria, depois duas, três, e assim por diante. Um dia conheceu uma garota da Argentina, vendeu tudo e mudou-se para a América do Sul.
*Alessandra:* E depois?
*Stefano:* Ele comprou uma fazenda, terras e... tornou-se fazendeiro.

Diálogo, gramática — Lição 13

|             |                                                                                           |
|-------------|-------------------------------------------------------------------------------------------|
|             | Viajou muito, mas nunca voltou para a Itália. Ele morreu há apenas cinco anos.            |
| *Alessandra:* | Ele teve filhos?                                                                          |
| *Stefano:*    | Sim, filhos e netos.                                                                      |
| *Alessandra:* | Então você tem primos na Argentina?                                                       |
| *Stefano:*    | Sim; embora nunca nos vejamos, nós sempre nos escrevemos cartões de Natal.                |
| *Alessandra:* | Por que você não faz uma viagem para a Argentina?                                         |
| *Stefano:*    | Você tem razão, é uma bela ideia. Talvez depois dos meus exames finais, se o papai pagar a viagem!! |

### Pretérito perfeito (II)

O pretérito perfeito do italiano é uma forma composta que usa **essere** e **avere** como verbos auxiliares mais o particípio passado do verbo (veja também a Lição 11). Muitos verbos em português usam os mesmos auxiliares (**ser** ou **ter**) para formar o pretérito perfeito.

Os verbos que se seguem são conjugados com **essere**:

**verbos reflexivos**   *Noi non ci siamo visti.*
(Nós não nos temos visto.)

**costare**   *L'albergo è costato poco.*
(O hotel foi barato.)

**mancare**   *Luisa è mancata a scuola.*
(Luisa faltou à escola.)

Os verbos seguintes são conjugados com **avere**:

**viaggiare**   *Ha viaggiato molto.*
(Ele viajou muito.)

**camminare**   *Ho camminato lungo il fiume.*
(Eu andei ao longo do rio.)

**nuotare**   *Abbiamo nuotato in piscina.*
(Nós nadamos na piscina.)

Particípio passado irregular:
nascere   **nato**
morire    **morto**

## Lição 13 — Gramática

### Algumas expressões temporais relativas ao passado

**ieri mattina**
(ontem pela manhã)
**ieri pomeriggio**
**ieri sera**

**l'anno scorso**
(ano passado)
**il mese scorso**
**la settimana scorsa**
**martedì scorso**

**l'altro ieri**
(anteontem)
**l'altro giorno**

**un'ora fa**
(uma hora atrás)
**una settimana fa**
**tre giorni fa**

### Meses e estações

| gennaio | luglio | primavera |
| febbraio | agosto | estate |
| marzo | settembre | autunno |
| aprile | ottobre | inverno |
| maggio | novembre | |
| giugno | dicembre | |

### Datas

As datas são escritas em forma de numerais cardinais, com exceção do primeiro dia do mês.

Qual é a data de hoje?
**Qual è la data di oggi?**

Hoje é o (dia) primeiro  12   30 de janeiro de 2006.
**Oggi è il primo        dodici trenta gennaio 2006.**

Gramática, exercício — Lição 13

### A preposição da

A preposição **da** é usada:

| | | |
|---|---|---|
| com locais | significando **de** | *Vengo **dalla** America.* |
| | significando **para** | *Vado **da** Mauro.* |
| com tempo | significando **por/desde** | *Abito a Roma **da** tre anni.* |
| para indicar um propósito | | *Gli occhiali **da** sole.* |
| para indicar um tipo | | *Il signore **dai** capelli biondi.* |
| em alguns dialetos | | *Vado in vacanza **da** solo.* |
| significando **como** | | *Comportarsi **da** bambino.* |

**Exercício 1**

Quais dos verbos que seguem são conjugados com **essere**?

dormire, arrivare, scrivere, essere, fare, andare, nuotare, mangiare, lavarsi, leggere, tornare, prendere, visitare, riposarsi, sapere, comprare, viaggiare, costare, fumare, aprire, vedere, sentire.

..................................................

**Exercício 2**

Ponha os verbos no pretérito perfeito.

Anna Ferrero racconta: Io .............. (nascere) il 27 luglio 1932 in un piccolo paese in Piemonte, vicino a Torino. I miei genitori .............. (trasferirsi) a Genova nel 1938. (Io).................. (frequentare) la scuola, il liceo e l'università a Genova; .............. (studiare) medicina e .................... (diventare) pediatra. Nel 1958 .................... (sposarsi) e io e mio marito ................ (andare) a vivere a Bologna. (Noi) ................. (comprare) una casa in campagna e il 7 ottobre 1962 ............. (nascere) le nostre figlie Marina e Stefania, due gemelle. (Io) .............. (lavorare) in un ospedale di Bologna per 35 anni.

## Exercício 3

**Descreva o que a Sra. Bianchi fez ontem.**

| | | | |
|---|---|---|---|
| ore 7h00 | svegliarsi | ore 7h15 | fare la doccia |
| ore 7h30 | prendere un caffè | ore 8h00 | andare in ufficio in macchina |
| ore 12h30 | in mensa | ore 13h30 | fare una passeggiata |
| ore 17h00 | andare in centro | ore 19h00 | tornare a casa |
| ore 20h30 | cenare | ore 23h00 | andare a letto |
| ore 23h15 | addormentarsi | | |

**Comece assim:** Alle sette la signora Bianchi si è svegliata.

Alle sette e un quarto ...............................................

## Exercício 4

Escreva as perguntas correspondentes como no exemplo, sempre começando com "Quando".

(Venire a casa/loro)
Quando sono venuti a casa? Tre ore fa.

**1.** (nascere/lo zio Gianni)

...........................................

Il 3 febbraio 1910.

**2.** (andare in America/lei)

...........................................

L'anno scorso.

**3.** (pranzare/loro)

...........................................

Un'ora fa.

**4.** (leggere il giornale/voi)

...........................................

Ieri sera.

Exercício, vocabulário — Lição 13

## Exercício 5

**Complete com a preposição correta, com ou sem o artigo.**

1. Vive a Roma ........ febbraio.
2. Anna è ........ Bari.
3. Ieri sono andata ........ medico.
4. Silvio si è trasferito ........ Sud America.
5. Sono arrivato a casa ........ sette.

## Exercício 6

**Quais as partes correspondentes?**

1. occhiali     a da bagno
2. costume     b da letto
3. macchina     c da sole
4. camicia     d da notte
5. camera     e da scrivere

## Vocabulário

| | | | |
|---|---|---|---|
| a dire la verità | para ser honesto, para dizer a verdade | data *f* | data |
| | | davanti a | antes de |
| | | dicembre *m* | dezembro |
| agosto *m* | agosto | diventare | transformar-se, tornar-se |
| andare via | sair, deixar | | |
| aprile *m* | abril | e così via | e assim por diante |
| argentino *m* | argentino | | |
| augurio *m* | desejo | emigrare | imigrar |
| autunno *m* | outono | esame *m* | prova, exame |
| baffi *m pl* | bigode | estate *f* | verão |
| camminare | andar, ir a pé | famoso *f* | famoso |
| | | fattoria *f* | fazenda |
| capello *m* | cabelo | febbraio *m* | fevereiro |
| cenare | jantar | fine *f* | fim |
| compleanno *m* | aniversário | fortuna *f* | fortuna |
| contadino *m* | fazendeiro, agricultor | gemello *m* | gêmeo |
| | | gennaio *m* | janeiro |
| costume da bagno *m* | roupa de banho | giugno *m* | junho |
| | | inizio *m* | começo |
| cugino *m* | primo | inverno *m* | inverno |

| | | | |
|---|---|---|---|
| l'altro ieri | anteontem | ottobre *m* | outubro |
| libertà *f* | liberdade | pasticceria *f* | confeitaria |
| luglio *m* | julho | pediatra *m/f* | pediatra |
| macchina da scrivere *f* | máquina de escrever | pranzare | almoçar |
| | | primavera *f* | primavera |
| maggio *m* | maio | raccontare | contar |
| mancare | perder, faltar | ricco | rico |
| marito *m* | marido | scorso | passado |
| marzo *m* | março | scriversi | escrever-se, corresponder-se |
| maturità *f* | exame final do ensino médio | | |
| meglio | melhor | settembre *m* | setembro |
| morire | morrer | sposarsi | casar-se |
| movimentato | (*aqui:*) excitante | statua *f* | estátua |
| | | strano | estranho, incomum |
| nascere | nascer | | |
| Natale *m* | Natal | terra *f* | terra |
| nipote *m/f* | neto/a, sobrinho/a | tra | entre |
| | | trasferirsi | mudar-se |
| novembre *m* | novembro | vedersi | ver-se |
| occhiali da sole *m pl* | óculos de sol | verità *f* | verdade |
| | | vita *f* | vida |

## Imigração na Itália

Quase todo mundo na Itália tem algum ancestral que emigrou para os Estados Unidos ou a Argentina e o Brasil nos últimos 100 anos. Contudo, agora, a própria Itália tornou-se um país cheio de imigrantes, legais e ilegais. Como sua extensa costa é difícil de patrulhar, a Itália está recebendo uma onda de imigrantes ilegais vindos de fora da União Europeia, os chamados **extracomunitari**. Mais que do governo, o sustento desses imigrantes vem principalmente da iniciativa privada e de diversas organizações.

# Al mercato rionale

**LIÇÃO 14**

*Fruttivendolo:* Buongiorno signora, che cosa Le posso dare?
*Piera:* Vorrei un chilo di pomodori, due chili di patate e dell'insalata.
*Fruttivendolo:* Non vuole delle melanzane? Sono belle fresche!

*Piera:* Quanto costano? Non c'è il prezzo.
*Fruttivendolo:* 3 euro al chilo.
*Piera:* Un po' care, ma ne prendo due. Alessandra, guarda che bella frutta. Che cosa mangi volentieri?
*Alessandra:* Mi piacciono molto le albicocche.
*Piera:* Sono buone le albicocche? Sembrano un po' troppo mature.
*Fruttivendolo:* No, sono ottime signora, vengono dalla Riviera e sono dolcissime. Ne vuole assaggiare una?

# Lição 14 — Diálogo

| | |
|---|---|
| *Piera:* | No, no, Le credo. Ne prendo un chilo e vorrei anche delle fragole, due cestini. |
| *Fruttivendolo:* | Desidera altro? |
| *Piera:* | No, grazie. Quant'è? |
| *Fruttivendolo:* | 9 euro e 70 centesimi. |
| *Piera:* | Mi dà una borsa per favore? |
| *Fruttivendolo:* | Certo, ecco. Grazie e arrivederci. |
| *Piera:* | Arrivederci. Bene, abbiamo frutta e verdura ma devo ancora andare dal macellaio a comprare della carne: hai voglia di andare in panetteria a prendere un po' di pane, Alessandra? |
| *Alessandra:* | Volentieri. Prendo anche dei grissini? |
| *Piera:* | Sì, e la focaccia per Stefano, gli piace così tanto! |
| *Alessandra:* | Va bene, a più tardi. |
| *Piera:* | Grazie dell'aiuto, ciao. |

## Na feira

| | |
|---|---|
| *Fruteiro:* | Bom dia, em que posso ajudá-la? |
| *Piera:* | Eu gostaria de um quilo de tomates, dois quilos de batata e um pé de alface. |
| *Fruteiro:* | A senhora não vai querer berinjelas? Estão fresquinhas! |
| *Piera:* | Quanto custam? Não tem o preço. |
| *Fruteiro:* | Três euros o quilo. |
| *Piera:* | Estão meio caras, mas vou levar duas. Alessandra, olhe que frutas deliciosas. Que tipo de fruta você gosta de comer? |
| *Alessandra:* | Eu amo damascos. |
| *Piera:* | Os damascos estão bons? Eles parecem um pouco passados. |
| *Fruteiro:* | Não, estão excelentes; são da Riviera e estão muito doces. Gostaria de experimentar um? |
| *Piera:* | Não, não, eu acredito em você. Vou levar um quilo e gostaria de morangos também, duas caixas. |
| *Fruteiro:* | Algo mais? |

▶

Diálogo, gramática                                                                 Lição 14

| | |
|---|---|
| *Piera:* | Não, obrigada. Quanto dá o total? |
| *Fruteiro:* | 9 euros e 70 centavos. |
| *Piera:* | Você poderia me dar uma sacola, por favor? |
| *Fruteiro:* | Claro, aqui está. Obrigado e até logo. |
| *Piera:* | Tchau. Bem, temos frutas e verduras, mas eu ainda tenho de ir ao açougue comprar carne. Alessandra, você poderia ir até a padaria comprar pão? |
| *Alessandra:* | Sim, farei isso. Devo comprar também palitinhos de aperitivo (*grissini*)? |
| *Piera:* | Sim, e *focaccia* para o Stefano, que ele adora! |
| *Alessandra:* | OK, nos vemos mais tarde. |
| *Piera:* | Obrigada pela ajuda, tchau. |

### O artigo partitivo

O artigo partitivo é usado para designar uma quantidade não especificada ou desconhecida. O equivalente em português seria "algum" ou "um pouco de".

O artigo partitivo é formado pela preposição **di** e o artigo definido.

| | singular | plural |
|---|---|---|
| *masculino* | **del** | **dei** |
| | **dello** | **degli** |
| | **dell'** | **degli** |
| *feminino* | **della** | **delle** |
| | **dell'** | **delle** |

*Vorrei dello zucchero.*    Gostaria de um pouco de açúcar.
*Vorrei delle melanzane.*    Gostaria de algumas berinjelas.

Gramática

### ne

O pronome **ne** se refere a um objeto, um grupo de objetos ou de pessoas previamente mencionados. Pode ter vários significados, como **algum, qualquer, de (alguma coisa)**:

*Le albicocche sono dolci.*
***Ne** prendo un chilo.* (Vou levar um quilo deles.)

*Sul tavolo ci sono quattro foto.*
***Ne** vedo solo due.* (Eu só vejo duas delas.)

Também pode significar **sobre (alguma coisa)**.

*Voglio comprare una macchina.*
*Che cosa **ne** dici?* (O que você me diz sobre ela?)

### Pronomes oblíquos como objeto indireto

Os pronomes usados como objeto indireto geralmente **precedem o verbo**.

| | | |
|---|---|---|
| **mi** | me | *Mi piace la frutta.* (A fruta me parece saborosa./Eu gosto de fruta.) |
| **ti** | te/lhe | *Non ti credo.* (Não acredito em você/ti.) |
| **gli** | lhe | *Gli scrivo una lettera.* (Estou escrevendo uma carta para ele.) |
| **le** | lhe | *Le porto dei fiori.* (Eu trago flores para ela.) |
| **Le** | lhe | *Che cosa Le do, signora Bia?* (O que posso lhe dar, Sra. Bia?) |
| **ci** | nos | *Ci porti due caffè.* (Traga-nos dois cafés.) |
| **vi** | vos/lhes | *Vi presento Aldo Rei.* (Eu lhe apresento Aldo Rei.) |
| **gli** | lhes | *Gli credo.* (Acredito neles.) |

## Gramática — Lição 14

### piacere (gostar)

No italiano, o verbo **piacere** (gostar) é sempre acompanhado de um pronome indireto.

– Pronome indireto + **piace** + singular
*Mi piace la pasta.* (Eu gosto de macarrão.)

– Pronome indireto + **piacciono** + plural
*Ti piacciono le tagliatelle?* (Vocês gostam de *tagliatelle*?)

– Pronome indireto + **piace** + infinitivo
*Gli piace ballare.* (Ele gosta de dançar.)

O pretérito perfeito de **piacere** é formado com **essere**:
*Le è piaciuto il film? No, non mi è piaciuto.*
(Você gostou do filme? Não, eu não gostei.)

### Quantidades

**un chilo** *di pomodori* (um quilo de tomates)
**un etto** *di prosciutto* (100 gramas de presunto)
**mezzo chilo** *di fragole* (meio quilo de morangos)
**un pacco** *di pasta* (um pacote de macarrão)
**un vasetto** *di marmellata* (um pote de geleia)
**un litro** *di vino bianco* (um litro de vinho branco)
**mezzo litro** *di latte* (meio litro de leite)
**una bottiglia** *di olio* (uma garrafa de óleo)
**una lattina** *di birra* (uma lata de cerveja)

Lição 14 — Exercício

## Exercício 1

**Escreva uma lista de compras completando com o artigo partitivo apropriado.**

Devo comprare:

| | | | |
|---|---|---|---|
| della | carne | ...... | carote |
| ...... | pane | ...... | aceto |
| ...... | prosciutto | ...... | zucchero |
| ...... | birra | ...... | fragole |
| ...... | vino | ...... | zucchini |
| ...... | biscotti | | |

## Exercício 2

**Complete com o pronome que indica objeto indireto.**

1. Quando scrivete ai signori Rossi?

    ...... scriviamo stasera.

2. Ti piace la musica classica?

    Sì, ...... piace molto.

3. Signor Marchi, che cosa prende?

    ...... porti un tè.

4. Avete già scritto a Lisa?

    No, ...... scriviamo domani.

5. Marco, ...... piace il gelato?

6. Che cosa ci avete portato?

    ...... abbiamo portato dei fiori.

7. Vi piacciono le fragole?

    No, non ...... piacciono.

8. Hai dato i libri a Giorgio?

    Sì, ...... ho dato i libri e anche i dischi.

Exercício — Lição 14

**Exercício 3**

Complete as sentenças com **gli, le, Le** ou **ne**.

1. Hai scritto a Giovanni?
   No, ...... scrivo domani.
2. Quante sigarette fumi? ...... fumo 10.
3. Maria, prendi un cioccolatino?
   Grazie ...... prendo due.
4. Signora, ...... porto la macchina lunedì mattina.
5. A Maria piace la musica?
   Sì, ...... piace.
6. Avete scritto a Carlo? Sì ...... abbiamo scritto.

**Exercício 4**

Complete com **mi piace** ou **mi piacciono**.

1. .............. molto i fiori.
2. Non .............. il calcio.
3. .............. nuotare in piscina.
4. .............. la frutta fresca.
5. Non .............. le macchine da corsa.
6. .............. viaggiare.

**Exercício 5**

Quais as partes que se completam?

Dove comprate queste cose?

1. Compro i grissini      a al mercato
2. Compro la frutta       b all'ufficio postale
3. Compro le medicine     c in farmacia
4. Compro la carne        d in panetteria
5. Compro i francobolli   e in macelleria

## Lição 14 — Vocabulário, país e cultura

### Vocabulário

|  |  |
|---|---|
| aceto *m* | vinagre |
| aiuto *m* | ajuda |
| albicocca *f* | damasco |
| assaggiare | experimentar |
| borsa *f* | bolsa |
| carne *f* | carne |
| carota *f* | cenoura |
| cestino *m* | cesta |
| chilo *m* | quilo |
| dolcissimo | muito doce |
| etto *m* | 100 gramas |
| focaccia *f* | *focaccia* |
| fragola *f* | morango |
| francobollo *m* | selo postal |
| fresco | fresco |
| frutta *f* | fruta |
| fruttivendolo *m* | fruteiro |
| grissino *m* | palitinhos (de massa de pão) |
| latte *m* | leite |
| lattina *f* | lata |
| litro *m* | litro |
| macchina da corsa *f* | carro de corrida |
| macellaio *m* | açougueiro |
| macelleria *f* | açougue |
| marmellata *f* | geleia |
| maturo | maduro |
| melanzana *f* | berinjela |
| mezzo | meio |
| ne | algum, um pouco de, qualquer, de (alguma coisa) |
| olio *m* | óleo |
| pacco *m* | pacote |
| pane *m* | pão |
| panetteria *f* | padaria |
| patata *f* | batata |
| piacere | gostar, apreciar |
| pomodoro *m* | tomate |
| presentare | apresentar, introduzir |
| prezzo *m* | preço |
| prosciutto *m* | presunto |
| Quant'è? | Quanto custa? |
| rionale | local |
| sembrare | parecer, aparentar |
| ufficio postale *m* | correio |
| vasetto *m* | pote |
| zucchero *m* | açúcar |

### *A buon mercato!*

Feiras semanais são comuns em todas as cidades italianas. Atualmente, as grandes cidades têm feiras itinerantes ao longo da semana, que servem um bairro diferente a cada dia. Essas feiras oferecem de tudo, desde alimentos como frutas e vegetais, passando por carne e pão, até sapatos, toalhas de mesa, roupas, artigos de cutelaria e louça. Se você está procurando por uma pechincha, este é o local certo: *a buon mercato!*

LIÇÃO

# Dove andiamo stasera?

15

*Marco:* Allora ragazze, cosa facciamo stasera?
*Alessandra:* Mah, non so, tu Laura hai un'idea?
*Laura:* Perché non andiamo al cinema? All'Ariston danno l'ultimo film di Pupi Avati, deve essere molto bello.
*Alessandra:* Non lo conosco, chi è?
*Laura:* È un giovane regista italiano.
*Marco:* Ma dobbiamo proprio andare al cinema? Io non ho molta voglia, preferisco il teatro. Al Nazionale c'è una commedia di Pirandello.
*Alessandra:* Io sono d'accordo.
*Laura:* Anch'io, ma chi compra i biglietti?
*Marco:* Li prendo io oggi pomeriggio.
*Alessandra:* A che ora comincia lo spettacolo?
*Marco:* Ora guardo sul giornale... alle 20h30. Prendi tu la macchina?

# Lição 15

Diálogo

> *Laura:* Sì, la prendo io perché passo a prendere il mio ragazzo Giorgio e dopo vengo da Alessandra. Marco, puoi venire a casa di Alessandra alle otto meno un quarto?
> *Marco:* Certo. Allora compro quattro biglietti?
> *Laura:* Sì, grazie.
> *Alessandra:* E forse dopo possiamo andare a mangiare qualcosa in birreria.
> *Laura:* Senz'altro, e fare quattro salti in discoteca! Allora a stasera, io suono e vi aspetto sotto.
> *Alessandra:* Va bene, ciao.
> *Marco:* Ciao.

## Aonde vamos esta noite?

*Marco:* OK, pessoal, o que faremos esta noite?
*Alessandra:* Eu não sei. Você tem alguma ideia, Laura?
*Laura:* Por que não vamos ao cinema? No Ariston está passando o último filme de Pupi Avati. Deve ser muito bom.
*Alessandra:* Eu não o conheço. Quem é?
*Laura:* É um jovem diretor italiano.
*Marco:* Nós realmente temos de ir ao cinema? Não estou com muita vontade, preferiria ir ao teatro. Está em cartaz uma comédia de Pirandello no Theatro Nazionale.
*Alessandra:* Eu topo.
*Laura:* Eu também. Quem compra os ingressos?
*Marco:* Eu compro esta tarde.
*Alessandra:* A que horas começa?
*Marco:* Um minuto, vou checar no jornal... às 20h30. Você vai de carro?
*Laura:* Sim, vou, porque tenho de pegar meu namorado Giorgio no caminho e só então vou para a casa de Alessandra. Marco, você pode estar na casa dela às quinze para as oito?

Diálogo, gramática — Lição 15

| | |
|---|---|
| *Marco:* | Claro. Compro quatro bilhetes, então? |
| *Laura:* | Sim, obrigada. |
| *Alessandra:* | E talvez possamos comer algo em um bar mais tarde, não é? |
| *Laura:* | Claro que sim, e depois podemos ir a uma danceteria! Bem, até à noite, então. Eu toco a campainha e espero vocês lá embaixo, OK? |
| *Alessandra:* | OK, tchau. |
| *Marco:* | Tchau. |

## Pronomes oblíquos como objeto direto

Os pronomes oblíquos usados como objeto direto geralmente **precedem o verbo**.

| | | | |
|---|---|---|---|
| **mi** | me | *Mi senti?* | Você está me ouvindo? |
| **ti** | te | *Ti accompagno.* | Eu te acompanho. |
| **lo** | o | *Non lo conosco.* | Eu não o conheço. |
| **la** | a | *Non la mangio.* | Eu não a como (della carne). |
| **La** | o/a o senhor/ a senhora (formal) | *La aspetto, dottore* | Eu o espero, doutor. |
| **ci** | nos | *Ci sentite?* | Você nos ouve? |
| **vi** | vos/vocês | *Non vi capisco.* | Eu não entendo vocês. |
| **li** | os/vocês | *Li conosco.* | Eu os conheço. (Marco e Alberto) |
| **le** | as/vocês | *Non le capisco.* | Eu não as entendo. (Maria e Laura) |

# Lição 15 — Gramática, exercício

> **Construções no infinitivo**
>
> No italiano, algumas construções no infinitivo são formadas com ou sem preposição.
>
> | | | |
> |---|---|---|
> | *com a* | **andare a** | *Vado a mangiare in mensa.* (Vou almoçar no refeitório.) |
> | | **aiutare a** | *Aiutiamo Maria a lavare la macchina.* (Ajudamos Maria a lavar o carro.) |
> | *com di* | **avere voglia di** | *Ho voglia di giocare.* (Tenho vontade de jogar.) |
> | | **avere tempo di** | *Hai tempo di fare la spesa?* (Você tem tempo para fazer as compras?) |
> | *sem preposição* | **preferire** | *Preferisco viaggiare in treno.* (Prefiro viajar de trem.) |
> | | **desiderare** | *Desidera bere qualcosa?* (Quer algo para beber?) |
> | | **piacere** | *Mi piace cantare.* (Eu gosto de cantar.) |

**Exercício 1**

Responda às perguntas usando o pronome correto.

1. Chi compra il giornale?

   ...... compra il nonno.

2. Accompagnate a casa Marisa e Ada?

   ...... accompagniamo subito.

3. Pronto, ci senti?

   Sì, adesso ...... sento.

4. Mamma, mamma, mi aspetti?

   Certo, ...... aspetto in macchina. ▶

Exercício — Lição 15

5. Ti porto a scuola domani?

   No, grazie ...... porta Alessandra.

6. Vi conoscete già?

   Sì, ...... conosciamo, abitiamo vicino.

## Exercício 2

**Qual è la tua opinione?**
Complete com o pronome correto e escolha o adjetivo que julgar mais apropriado.

Ti piace il cinema?   **Lo** trovo divertente/noioso

1. Ti piace Roma? ....... trovo interessante/caotica

2. Ti piacciono le lasagne? ....... trovo saporite/troppo pesanti

3. Ti piace lo sport? ....... trovo sano/faticoso

4. Ti piacciono i computer? ....... trovo utili/inutili

5. Ti piace il deserto? ....... trovo affascinante/pericoloso

6. Ti piace la moda italiana? ....... trovo elegante/troppo cara.

## Exercício 3

Complete as sentenças com os pronomes oblíquos usados como objeto direto (*lo, la, La, li, le*) ou como objeto indireto (*gli, le, Le*).

1. Perché non aiuti papà a lavare la macchina?

   Va bene, ...... aiuto.

2. Quando telefonate alla vostra amica tedesca?

   ...... telefoniamo domenica pomeriggio.

3. Ascolti i dischi di musica lirica?

   Sì, ...... ascolto molto volentieri.

Lição 15 — Exercício

4. Non avete ancora parlato a Massimo?

No, purtroppo non …… abbiamo ancora parlato.

5. Signora, …… posso aiutare?

6. Quando ringraziate le vostre amiche per il regalo?

…… ringraziamo domani.

7. Tuo zio ti ha scritto una lunga lettera.

…… hai risposto?

8. Ho chiesto a Monica un favore.

Che cosa …… hai chiesto?

---

**Exercício 4**

Escreva frases completas como no exemplo. Preste atenção ao uso correto das preposições!

Massimo/avere vogli/andare in vacanza
Massimo ha voglia di andare in vacanza.

1. I nonni/andare/vedere un film al cinema

   ……………………………………………

2. Nadia/non avere tempo/suonare il pianoforte

   ……………………………………………

3. (Loro)/preferire/mangiare/in pizzeria

   ……………………………………………

4. (Io)/aiutare i miei genitori/pulire l'appartamento

   ……………………………………………

5. Nicola/non avere voglia/andare a scuola

   ……………………………………………

Vocabulário, país e cultura — Lição 15

| | | | |
|---|---|---|---|
| accompagnare | acompanhar | inutile | inútil |
| affascinante | fascinante | lavare | lavar |
| aiutare | ajudar | musica lirica *f* | música lírica |
| avere voglia | ter vontade | noioso | chato |
| birreria *f* | cervejaria, bar | passare a prendere | passar para pegar, buscar |
| cantare | cantar | pericoloso | perigoso |
| caotico | caótico | pesante | pesado |
| commedia *f* | comédia | regalo *m* | presente |
| dare (al cinema) | passar (no cinema) | regista *m/f* | diretor |
| discoteca *f* | danceteria | ringraziare | agradecer |
| divertente | divertido | sano | saudável |
| fare quattro salti | sair para dançar | saporito | saboroso |
| faticoso | cansativo | spettacolo *m* | espetáculo, apresentação |
| favore *m* | favor | utile | útil |

### Indo ao cinema

A Itália ainda tem muitas salas de projeção históricas que fazem lembrar os tempos áureos do cinema. Durante os meses de verão, muitas delas oferecem projeções ao ar livre, **cinema all'aperto.** Quando for comprar os bilhetes, lembre-se de que eles só são vendidos na bilheteria do cinema, no mesmo dia da exibição do filme. A maioria dos cinemas italianos não aceita reserva. Apesar de não exibirem nenhum comercial de longa duração antes do filme, frequentemente interrompem a exibição a intervalos regulares para que os fumantes possam sair para fumar.

## Teste 3

**1** Escolha uma das duas respostas e vá para o quadro com o número da sua resposta.

**2** I bambini vanno ... zoo.

allo ⇨ 24
al ⇨ 14

**6** Certo! Continue:

Andiamo ... stazione.

a ⇨ 26
alla ⇨ 10

**7** Errado!

Volte para o número 30.

**11** Errado!

Volte para o número 24.

**12** Certo! Continue:

Non ho voglia ... .

di mangiare ⇨ 8
mangiare ⇨ 19

**16** Errado!

Volte para o número 10.

**17** Bom! Continue: Elena e Paola sono ... in tram.

venuto ⇨ 23
venute ⇨ 4

**21** Errado!

Volte para o número 13.

**22** Muito bom! Continue: Compri i biglietti? Sì, ... compro.

gli ⇨ 9
li ⇨ 12

**26** Errado!

Volte para o número 6.

**27** Certo! Continue: Compro i grissini in ...

farmacia ⇨ 3
panetteria ⇨ 17

## Teste 3

**3** Errado!
Volte para
o número 27.

**4** Muito bem!
Continue:
Non ... il francese.

posso ▷ 28
so ▷ 20

**5** Errado!
Volte para
o número 25.

**8** Ótimo!
Continue:
Hai telefonato a Mario?
Sì, ... ho telefonato.
gli ▷ 15
lo ▷ 29

**9** Errado!
Volte para
o número 22.

**10** Ótimo!
Continue:
Quando ... arrivato?

sei ▷ 30
hai ▷ 16

**13** Muito bem!
Continue:
Vorrei ... albicocche.

dell' ▷ 21
delle ▷ 6

**14** Errado!
Volte para
o número 2.

**15** Certo!
Fim do exercício!

**18** Errado!
Volte para
o número 20.

**19** Errado!
Volte para
o número 12.

**20** Bom! Continue:
... la musica jazz?

Ti piacciono ▷ 18
Ti piace ▷ 13

**23** Errado!
Volte para
o número 17.

**24** Certo!
Continue:
Avete ... questo libro?

letto ▷ 27
leggiuto ▷ 11

**25** Ótimo!
Continue.
La macchina ...
costata poco.
ha ▷ 5
è ▷ 22

**28** Errado!
Volte para
o número 4.

**29** Errado!
Volte para
o número 8.

**30** Bom!
Continue:
L'anno ... sono andata
in Sicilia.
fa ▷ 7
scorso ▷ 25

LIÇÃO

# 16 In macchina in città

*Alessandra:* Buongiorno, il pieno per favore.
*Benzinaio:* Subito signorina. Senza piombo, vero?
*Alessandra:* Sì, grazie. E controlli anche l'olio per favore. Valentina, sei sicura di sapere che strada dobbiamo prendere? Io non conosco ancora abbastanza bene Milano e poi viaggio sempre in metropolitana.
*Valentina:* Magari è meglio se chiediamo, così non sbagliamo strada.
*Alessandra:* Senta, scusi, vorrei un'informazione.
*Benzinaio:* Se posso, volentieri.
*Alessandra:* Per andare in piazza Santa Chiara che strada devo prendere?

*Benzinaio:* Allora... prenda la prima strada a sinistra e vada sempre dritto fino al parco; subito dopo, davanti alla chiesa, giri a sinistra, continui dritto fino al primo semaforo e alla sua destra c'è piazza Santa Chiara.
*Alessandra:* Va bene, grazie molte.
*Benzinaio:* Però faccia attenzione: fino alle 12h00 c'è divieto di sosta sulla piazza. Provi a

Diálogo — Lição 16

|  |  |
|---|---|
| | parcheggiare dietro la chiesa, qualche volta c'è un posto libero. |
| *Alessandra:* | Grazie del consiglio... Quanto Le devo? |
| *Benzinaio:* | 40 euro. Olio ne ha ancora abbastanza. |
| *Alessandra:* | Arrivederci. |
| *Benzinaio:* | Arrivederci e buona giornata. |
| ... | |
| *Alessandra:* | C'è molto traffico oggi. Hai capito bene che strada dobbiamo prendere? |
| *Valentina:* | Beh, più o meno, ma forse chiediamo ancora a un vigile. |
| *Alessandra:* | Almeno sai dov'è l'ufficio dove dobbiamo andare? |
| *Valentina:* | Ma certo, proprio sulla piazza, di fronte al cinema. Ehi, guarda, là c'è un vigile; sii gentile, accosta un attimo così gli chiediamo. Senta, mi scusi... |
| *Alessandra:* | Che stress! Domani prendo di sicuro la metropolitana! |

## Dirigindo na cidade

| | |
|---|---|
| *Alessandra:* | Bom dia, encha o tanque, por favor. |
| *Frentista:* | Agora mesmo. Sem chumbo, certo? |
| *Alessandra:* | Sim, obrigada. E verifique o óleo também, por favor. Valentina, você tem certeza de que sabe qual rua temos de pegar? Eu ainda não conheço bem Milão e, depois, eu sempre pego o metrô. |
| *Valentina:* | É melhor perguntar para não nos perdermos. |
| *Alessandra:* | Com licença, preciso de uma informação. |
| *Frentista:* | Certamente, se eu puder ajudar. |
| *Alessandra:* | Que rua tenho de pegar para chegar à praça Santa Chiara? |
| *Frentista:* | OK... pegue a primeira à esquerda e vá em frente em direção ao parque. Vire imediatamente à esquerda em frente à igreja e continue até chegar ao primeiro semáforo. A praça Santa Chiara fica à sua direita. |

# Lição 16 — Diálogo, gramática

*Alessandra:* OK, muito obrigada.
*Frentista:* Mas atenção: não é permitido estacionar na praça antes das 12h. Procure estacionar atrás da igreja; você provavelmente encontrará vagas disponíveis lá.
*Alessandra:* Obrigada pela dica... Quanto lhe devo?
*Frentista:* 40 euros. O nível de óleo ainda está bom.
*Alessandra:* Tchau.
*Frentista:* Tchau e tenha um bom dia.
...
*Alessandra:* Muito trânsito hoje. Você entendeu que rua temos de pegar?
*Valentina:* Bem, mais ou menos, mas talvez devêssemos perguntar a um policial.
*Alessandra:* Você ao menos sabe onde fica o escritório em que temos de ir?
*Valentina:* Claro, fica bem na praça, em frente ao cinema. Ei, lá está um policial. Seja gentil e aproxime-se para perguntarmos a ele. Com licença...
*Alessandra:* Isso é tão estressante para mim! Amanhã definitivamente eu vou de metrô!

## Imperativo

| guardare | prendere | sentire | finire |
|---|---|---|---|
| (tu) guard**a** | prend**i** | sent**i** | finis**ci** |
| (Lei) guard**i** | prend**a** | sent**a** | finis**ca** |
| (noi) guard**iamo** | prend**iamo** | sent**iamo** | fin**iamo** |
| (voi) guard**ate** | prend**ete** | sent**ite** | fin**ite** |
| (loro) guard**ino** | prend**ano** | sent**ano** | finis**cano** |

A primeira e a segunda pessoa do plural são formadas como no presente. O imperativo negativo é formado pela inserção de **non** antes do verbo. No informal **tu**, o imperativo negativo é formado pela expressão **non** + infinitivo:

Signor Risi, **non fumi** così tanto! (Sr. Risi, não fume tanto assim!)

Marco, **non fumare** così tanto! (Marco, não fume tanto assim!)

## Gramática — Lição 16

O imperativo de alguns verbos irregulares:

|  | andare | venire | stare | fare |
|---|---|---|---|---|
| (tu) | **vai/va'** | **vieni** | **stai/sta'** | **fai/fa'** |
| (Lei) | **vada** | **venga** | **stia** | **faccia** |
| (noi) | **andiamo** | **veniamo** | **stiamo** | **facciamo** |
| (voi) | **andate** | **venite** | **state** | **fate** |
| (loro) | **vadano** | **vengano** | **stiano** | **facciano** |

|  | dire | dare | avere | essere |
|---|---|---|---|---|
| (tu) | **di'** | **dai/da'** | **abbi** | **sii** |
| (Lei) | **dica** | **dia** | **abbia** | **sia** |
| (noi) | **diciamo** | **diamo** | **abbiamo** | **siamo** |
| (voi) | **dite** | **date** | **abbiate** | **siate** |
| (loro) | **dicano** | **diano** | **abbiano** | **siano** |

### Preposições que indicam localizações

| | | |
|---|---|---|
| **vicino a** | vicino al ristorante | (perto do restaurante) |
| **accanto a** | accanto al bar | (próximo ao bar) |
| **di fronte a** | di fronte alla banca | (em frente ao banco) |
| **davanti a** | davanti a casa mia | (em frente à minha casa) |
| **dietro a** | dietro alla chiesa | (atrás da igreja) |
| **tra/fra** | tra/fra Milano e Torino | (entre Milão e Torino) |
| **in mezzo a** | in mezzo alla piazza | (no meio da praça) |
| **fino a** | fino al semaforo | (até o semáforo) |
| **in fondo a** | in fondo alla strada | (no fim da rua) |

# Lição 16 — Exercício

## Exercício 1

**Complete com a forma imperativa correspondente.**

1. chiudere: Marco, ………. la porta!
2. scrivere: Ragazzi, ………. una cartolina a Maria.
3. portare: Beppe, ………. il caffè a papà.
4. raccontare: Mamma, ………. una favola a Paolo.
5. dormire: ………. bene, Marina.
6. telefonare: Signora Dossi, ………. a mia moglie, per favore.

Atenção aqui!

7. venire: Laura ………. subito a casa!
8. dare: Luigi, ………. questi libri a tua sorella.
9. dire: Per favore, signor Bui ………. a Luca che è ora di pranzo!
10. avere: Bambini, ………. un po' di pazienza.
11. andare: Graziella, ………. a fare la spesa.
12. fare: Elena, ………. una passeggiata.

## Exercício 2

**Complete as frases usando a forma imperativa correta.**

Alcuni consigli per la signora Pozzi:

1. ………. (fare) molte passeggiate.
2. Non ………. (fumare) troppo.
3. ………. (mangiare) poca carne.
4. ………. (prendere) le medicine.
5. ………. (dormire) molto.
6. Non ………. (bere) vino.

Exercício — Lição 16

7. .......... (andare) in vacanza al mare.

8. Non .......... (mangiare) dolci.

---

**Quais dessas conversas são relativas a negócios e quais abordam assuntos pessoais?**

*Exercício 3*

1. Telefoni al Dottor Rosso, per favore.
2. Vieni subito alla stazione!
3. Venga in ufficio alle 8h30.
4. Scriva a macchina questa lettera.
5. Telefona a Silvia e Gino.
6. Finisca questo lavoro.

business: ..............................

private: ..............................

---

**Estude o mapa na página 144 e responda às perguntas seguintes.**

*Exercício 4*

1. Dov'è la pizzeria?

   È accanto ..............................

2. Dov'è il parcheggio?

   ..............................................

3. Dov'è la chiesa?

   ..............................................

4. Dov'è la banca?

   ..............................................

5. Dov'è il supermercato?

   ..............................................

6. Dov'è la farmacia?

   ..............................................

## Exercício 5

Escreva sentenças completas usando o exemplo que segue.

macelleria/davanti a/bar
La macelleria è davanti al bar.

1. cinema/in fondo a/strada

   .....................................

2. ristorante/di fronte a/scuola

   .....................................

3. casa di Luca/dietro a/chiesa

   .....................................

4. panetteria/accanto a/negozio di abbigliamento

   .....................................

5. farmacia/tra/supermercato e banca

   .....................................

Exercício, vocabulário — Lição 16

## Exercício 6

Quais as frases que se completam?

1. Che strada devo prendere?
2. Sono molto stanca.
3. Desidera?
4. Fa molto caldo qui!
5. Posso fumare?
6. Non sto molto bene.

a Controlli l'olio per favore.
b Apri la finestra.
c Va' a dormire.
d Fuma pure.
e Vai dal medico.
f Vada sempre dritto e giri la terza strada a destra.

## Vocabulário

| | |
|---|---|
| abbastanza | o bastante |
| accanto a | ao lado de/ perto de |
| accostare | aproximar-se |
| almeno | ao menos |
| attenzione f | atenção, cuidado |
| attimo m | momento |
| benzinaio m | frentista |
| cartolina f | cartão-postal |
| consiglio m | conselho |
| continuare | continuar |
| controllare | controlar |
| di fronte a | em frente a |
| di sicuro | certamente |
| dietro a | atrás de |
| divieto di sosta | proibido estacionar |
| fare attenzione | prestar atenção, tomar cuidado |
| fare il pieno | encher, completar |
| favola f | história |
| fra | entre |
| girare | girar |
| in mezzo a | no meio de |
| informazione f | informação |
| là | lá |
| libero | grátis, livre |
| magari | talvez |
| parcheggiare | estacionar |
| parcheggio m | estacionamento |
| pazienza f | paciência |
| piazza f | praça |
| piombo m | chumbo |
| pure | mesmo que, embora, todavia |
| quanto Le devo? | quanto lhe devo? |
| sbagliare | errar |
| sbagliare strada | perder-se, errar o caminho |
| scrivere a macchina | escrever à máquina |

| | | | |
|---|---|---|---|
| **semaforo** m | semáforo | **traffico** m | tráfego |
| **senza** | sem | **vicino a** | próximo a |
| **senza piombo** | sem chumbo | **vigile** m | guarda de |
| **sicuro** | certamente, | | trânsito |
| | claro, | | |
| | seguramente | | |

### Dirigir na Itália

Dirigir um carro na Itália é uma escolha cara dados os recursos das autoestradas e os altos preços da gasolina. Mais e mais áreas dentro da cidade estão sendo transformadas em zonas de tráfego intenso, ao menos durante determinadas horas do dia. Achar um lugar para estacionar na cidade pode ser uma tarefa desanimadora.

Os postos de gasolina, por outro lado, ainda oferecem uma ampla gama de serviços aos usuários. Os postos de autosserviço são raros na Itália. Os motoristas ainda podem ficar no carro enquanto o frentista executa o que deve ser feito. Os vidros são lavados e o nível de óleo e água é verificado. A gasolina sem chumbo, **senza piombo**, é também chamada frequentemente de **verde**.

# Una gita a Firenze

**LIÇÃO 17**

*Marco:* Due biglietti di andata e ritorno per Firenze, per favore.
*Impiegato:* Di prima o seconda classe?
*Marco:* Di seconda classe. Mi sa dire a che ora parte il prossimo treno?
*Impiegato:* Un momento prego, glielo dico subito... Il prossimo parte alle 8h38, ma deve cambiare a Bologna. Altrimenti deve aspettare quello delle 9h00. È un Intercity e arriva a Firenze alle 11h53. Ma deve pagare il supplemento.
*Marco:* Allora due biglietti per quello delle 9h00, per favore.

A Firenze:
*Marco:* Eccoci in piazza della Signoria!
*Alessandra:* E qual è la galleria degli Uffizi?
*Marco:* Eccola, proprio davanti a te!
*Alessandra:* Entriamo, voglio visitarla subito! Mi puoi fare il biglietto, per favore?
*Marco:* Sì, certo, te lo faccio io... Due biglietti, per favore. Scusi, a che ora chiude la galleria?

# Lição 17 — Diálogo

*Impiegata:* Alle cinque.
*Marco:* Allora abbiamo tempo!
*Impiegata:* Lei scherza, vero? Per visitare gli Uffizi non bastano tre giorni!
Dopo alcune ore:
*Alessandra:* Marco, tu non sei un po' stanco?
*Marco:* Stanco? Sono stanco morto!! Non possiamo fare una pausa?
*Alessandra:* Ma certo, usciamo e andiamo a mangiare qualcosa.
*Marco:* Buona idea. Che cosa vuoi vedere dopo?
*Alessandra:* Dunque... il Duomo, il giardino di Boboli, il Ponte Vecchio e il Mercato Nuovo! Voglio toccare il muso del porcellino: porta fortuna!
*Marco:* Perché, sei superstiziosa?
*Alessandra:* Non molto, ma un po' di fortuna fa sempre bene!

## Um passeio em Florença

*Marco:* Dois bilhetes de ida e volta para Florença, por favor.
*Bilheteiro:* Primeira ou segunda classe?
*Marco:* Segunda classe. Pode me dizer quando parte o próximo trem?
*Bilheteiro:* Um momento, por favor, lhe direi em um minuto... O próximo trem parte às 8h38 mas vocês vão ter de trocar em Bologna. Senão terão de esperar até as 9h. Há um intermunicipal que chega a Florença às 11h53 mas vocês terão de pagar uma taxa extra.
*Marco:* OK, quero dois bilhetes para o trem das 9h.
Em Florença:
*Marco:* Cá estamos na Piazza della Signoria!
*Alessandra:* E qual é a Galeria Uffizi?
*Marco:* Aqui, na sua frente!
*Alessandra:* Vamos entrar, eu quero visitá-la já! Pode pegar o bilhete de entrada para mim?
*Marco:* Claro, vou pegá-lo para você... Duas entradas, por favor. Desculpe-me, a que horas fecha a galeria?

# Diálogo, gramática — Lição 17

*Bilheteiro:* Às cinco.
*Marco:* Então temos tempo!
*Bilheteiro:* Vocês estão brincando, não é? Três dias não seriam suficientes para ver a Uffizi!

Depois de algumas horas:

*Alessandra:* Marco, você não está um pouco cansado?
*Marco:* Cansado? Estou morto!! Não podemos parar um pouquinho?
*Alessandra:* Sim, vamos lá fora comer alguma coisa.
*Marco:* Boa ideia. O que você quer ver depois?
*Alessandra:* Bem... o Duomo (catedral), os jardins Boboli, Ponte Vecchio (ponte) e Mercato Nuovo (mercado). E quero tocar o focinho do leitão; dizem que dá sorte.
*Marco:* Por quê? Você é supersticiosa?
*Alessandra:* Na verdade, não, mas um pouco de sorte é sempre bom!

## Pronomes duplos

Quando dois pronomes objeto ocorrem juntos, o pronome indireto precede o pronome direto. Os pronomes ficam assim:

| | |
|---|---|
| mi + lo (la / li / le / ne) | me lo (me la / me li / me le / me ne) |
| ti + lo | te lo |
| gli + lo | glielo |
| ci + lo | ce lo |
| vi + lo | ve lo |
| gli + lo | glielo |
| si + lo | se lo |

– Mario **mi** presenta **suo padre**. ➔ (Mario) **me lo** presenta.
  Mario o apresentou (a mim).
– Mario **mi** presenta **sua madre**. ➔ **Me la** presenta.
– Mario **mi** presenta **i suoi fratelli**. ➔ **Me li** presenta.
– Mario **mi** presenta **le sue sorelle**. ➔ **Me le** presenta.
– Mario **ti** presenta **suo padre**. ➔ **Te lo** presenta.

# Lição 17 — Gramática

## Infinitivo + pronome

Quando um pronome é usado junto com um verbo no infinitivo, a vogal final da forma infinitiva é omitida e o pronome é adicionado ao final do verbo:

È meglio **parcheggiare la macchina** qui.
→ È meglio **parcheggiarla** qui.

Com os verbos modais *dovere, potere, volere*, há duas diferentes formas de adicionar o pronome:

– antes do verbo modal:
**La** voglio parcheggiare qui.

– ou anexado no infinitivo (a vogal final do infinitivo é omitida):
Voglio parcheggiar**la** qui.

## Ecco!

Os italianos usam com frequência a expressão **ecco** em seus discursos. Pode ser traduzida como "aqui/lá está (estão); veja, olhe". Vale a pena dar uma olhada nos usos mais comuns da expressão:

**Ecco** é usada sobretudo para referir ou pontuar alguma coisa, ou para enfatizar algo que acabou de ser dito.

– **Ecco** il tuo quaderno! (Aqui está seu caderno!)

– **Ecco** Mario! (Aqui está Mário!)

– Tutto è andato bene, ma **ecco** che lui ha sempre da protestare! (Tudo correu bem, mas apesar disso ele tem sempre de protestar!)

Gramática , exercício — Lição 17

> **Eccolo!**
>
> Também é possível anexar um pronome objeto à expressão **ecco**:
>
> Ecco il duomo! → **Eccolo!** (Aqui está a catedral!/ Aqui está ela!)
>
> Ecco la galleria! → **Eccola!** (Aqui está a galeria!/ Aqui está ela!)
>
> Ecco i giardini! → **Eccoli!** (Aqui estão os jardins!/ Aqui estão eles!)
>
> Ecco le ragazze! → **Eccole!** (Aqui estão as meninas!/ Aqui estão elas!)
>
> Expressões idiomáticas adicionais:
>
> **Eccomi!** Aqui estou eu!
> **Eccoti!** Aqui está você!
> **Eccoci!** Aqui estamos nós!
> **Eccovi!** Aqui estão vocês!
> **EccoLe** il resto! Aqui está o resto (para você)!

**Exercício 1**

Complete com *ecco* e o pronome correspondente.

1. Hai visto la mia borsa? Sì, .........
2. Dove sono i miei figli? .........
3. Hai una matita, per favore?

   Certo, .........
4. Scusi, sa dov'è il duomo?

   Certo: .........!
5. Marco, Marco, dove sei?

   ......... mamma!
6. ......... qui, ci avete cercato?
7. Dove sono le fragole? .........

Lição 17　　　　　　　　　　　　　　　　　　　　　　　　　　Exercício

**Exercício 2**

Substitua as palavras grifadas pelos pronomes apropriados.
Rearranje a ordem das palavras se necessário.

Compro <u>il giornale</u>. → **Lo** compro.

1. Mangio <u>l'insalata</u>. .............
2. Devo comprare <u>il caffè</u>. .............
3. Che cosa regali <u>a Silvia</u>? .............
4. Vuoi anche tu <u>una birra</u>? .............
5. <u>A Marco</u> piace molto la musica jazz.

    ..........................................
6. È meglio prendere <u>il tram</u>..............
7. Anche Alessandra mangia <u>i biscotti</u>.

    ..........................................
8. <u>Ai miei figli</u> piace giocare a tennis.

    ..........................................

---

**Exercício 3**

Complete com os pronomes objeto (direto ou indireto) na ordem correta ao responder às perguntas.

1. Marco mi regala un disco?

    Sì, ....................................
2. Andrea le porta i fiori?

    No, ...................................
3. Giovanni si lava sempre i denti?

    Sì, ....................................
4. Chi mi porta i giornali?

    ...............................Carlo.
5. Mi scrivi una lettera?

    Sì, ....................................
6. Mi dai le chiavi, per favore?

    Sì, ........................... subito.

Exercício — Lição 17

## Exercício 4

### Substitua as palavras grifadas pelos pronomes apropriados.

Dario non dice <u>la verità alla mamma</u>. → Dario non **gliela** dice.

1. Piero racconta <u>una favola a suo figlio</u>. ........................
2. Il signor Cattaneo scrive <u>una lettera al direttore</u>. ..............
3. Andrea chiede <u>a Maria un piacere</u>. ...........................
4. La mamma insegna <u>a Fabio l'alfabeto</u>. .......................
5. Presento <u>Stefano a mia madre</u>. ..............................

## Exercício 5

### Traduza para o italiano as sentenças em português no diálogo.

**A:** Buongiorno.

**B:** Boa tarde. Um bilhete para Bolonha, por favor.

............................................................

**A:** Di prima o seconda classe?

**B:** Segunda classe.

............................................................

**A:** Ecco a Lei. Fanno 18,50 euro.

**B:** Com licença, você sabe a que horas sai o próximo trem?

............................................................

**A:** Il prossimo parte alle 14h18, dal binario tredici.

**B:** Muito obrigado. Até logo.

............................................................

# Lição 17 — Vocabulário, país e cultura

## Vocabulário

| | |
|---|---|
| alfabeto *m* | alfabeto |
| altrimenti | caso contrário |
| andata e ritorno | bilhete de ida e volta |
| antico | velho, antigo |
| aspettare | esperar |
| bastare | bastar, ser suficiente |
| biblioteca *f* | biblioteca |
| cambiare | mudar, trocar |
| chiuso | fechado |
| classe *f* | classe |
| comunale | municipal |
| dente *m* | dente |
| dunque | Bem, vejamos |
| eccoci | aqui estamos |
| eccola | aqui está ela |
| entrare | entrar |
| far bene | fazer bem |
| galleria *f* | galeria |
| giardino *m* | jardim |
| invalido *m* | portador de deficiência |
| matita *f* | lápis |
| militare *m* | soldado |
| muso *m* | focinho |
| orario di apertura *m* | horário de abertura |
| orario *m* | horário |
| pausa *f* | pausa |
| pensionato *m* | aposentado |
| porcellino *m* | leitão, porquinho |
| protestare | protestar |
| quaderno *m* | caderno |
| ridotto | bilhete com valor reduzido, desconto na entrada |
| scherzare | brincar, tirar sarro |
| sconto *m* | desconto |
| stanco morto | morto de cansaço |
| superstizioso | supersticioso |
| supplemento *m* | taxa extra, complemento |
| toccare | tocar |

## *Informação turística*

Os museus italianos não seguem horários uniformes de funcionamento, mas estão geralmente fechados durante o almoço e às segundas-feiras. A maioria dos museus e cinemas oferece descontos (***sconti/ridotti***) para portadores de deficiência (***invalidi***), aposentados (***pensionati***), soldados (***militari***) e outros grupos.

A maioria das igrejas abre durante o dia. Roupas muito casuais, como shorts, vestidos e tops sem alça, sandálias de dedo etc., não são recomendadas.

LIÇÃO

# Una telefonata di lavoro

**18**

*Segretaria:* Pronto, P.T.R. Italia, buongiorno.
*Alessandra:* Buongiorno, sono Alessandra Jansen, vorrei parlare con il signor Arturi. È in ufficio?
*Segretaria:* Attenda un attimo, per favore, devo guardare... No, mi dispiace, in questo momento è in riunione, può telefonare più tardi?
*Alessandra:* Sì, certo. Tra mezz'ora va bene?
*Segretaria:* Sì, benissimo.
*Alessandra:* A più tardi, allora.
*Segretaria:* A più tardi.

*Segretaria:* Pronto, P.T.R. Italia, buongiorno.
*Alessandra:* Buongiorno, sono ancora Jansen. Vorrei parlare con il signor Arturi. Me lo può passare?
*Segretaria:* Mi dispiace, ma il signor Arturi è ancora in riunione.
*Alessandra:* Posso lasciare un messaggio?
*Segretaria:* Certamente!
*Alessandra:* Dunque, gli dica che confermo l'appuntamento del 10 maggio alle 10h30. ▶

Lição 18 — Diálogo

> *Segretaria:* Bene: ha detto il 10 maggio, vero?
> *Alessandra:* Sì.
> *Segretaria:* Mi può ripetere il Suo nome, per favore?
> *Alessandra:* Alessandra Jansen.
> *Segretaria:* Scusi, come si scrive il Suo cognome?
> *Alessandra:* Jansen. I lunga, A come Ancona, N come Napoli, S come Savona, E come Empoli e N come Napoli.
> *Segretaria:* Jansen. Perfetto. Il signor Arturi La deve richiamare?
> *Alessandra:* No, grazie, non è necessario.
> *Segretaria:* Arrivederci, allora.
> *Alessandra:* Arrivederci.

## Um telefonema de negócios

*Secretária:* P.T.R. Itália, bom dia.
*Alessandra:* Bom dia, sou Alessandra Jansen. Gostaria de falar com o Sr. Arturi. Ele está no escritório?
*Secretária:* Um momento, por favor, tenho de verificar... Não, me desculpe, ele está em uma reunião agora. Você pode ligar mais tarde?
*Alessandra:* Sim, claro. Pode ser em meia hora?
*Secretária:* Sim, está bem.
*Alessandra:* Até mais tarde, então.
*Secretária:* Sim, até mais tarde.

*Secretária:* P.T.R. Itália, bom dia.
*Alessandra:* Bom dia, sou eu de novo, Jansen. Gostaria de falar com o Sr. Arturi. Pode me passar para ele?
*Secretária:* Sinto muito, mas o Sr. Arturi ainda está em reunião.
*Alessandra:* Posso deixar um recado?
*Secretária:* Sim, claro!
*Alessandra:* Bem, pode dizer a ele que confirmo nosso encontro no dia 10 de maio às 10h30.
*Secretária:* OK, você disse 10 de maio, certo?
*Alessandra:* Sim.
*Secretária:* Você pode repetir seu nome para mim, por favor?
*Alessandra:* Alessandra Jansen.

Diálogo, gramática                                                                 Lição 18

*Secretária:*  Desculpe, como se soletra o seu sobrenome?
*Alessandra:*  Jansen. J, A de Ancona, N de Nápoles, S de Savona,
               E de Empoli e N de Nápoles.
*Secretária:*  Jansen. Perfeito. Você quer que o Sr. Arturi lhe
               telefone de volta?
*Alessandra:*  Não, obrigada, não é necessário.
*Secretária:*  Tchau, então.
*Alessandra:*  Tchau.

---

**Posição dos pronomes no imperativo**

Quando usar o imperativo, tenha cuidado ao posicionar o pronome objeto (*mi, ti, gli, le, Le, ci, vi, si, la, lo, li, le, ci, ne*):

| | | |
|---|---|---|
| *(tu)* guarda**lo** | prendi**lo** | senti**lo** |
| (Olhe-o!) | (Pegue-o!) | (Ouça-o!) |
| *(Lei)* **lo** guardi | **lo** prenda | **lo** senta |
| *(noi)* guardiamo**lo** | prendiamo**lo** | sentiamo**lo** |
| *(voi)* guardate**lo** | prendete**lo** | sentite**lo** |
| *(loro)* **lo** guardino | **lo** prendano | **lo** sentano |

Na segunda pessoa do singular (*tu*) e na primeira e segunda pessoas do plural (*noi, voi*), os pronomes objeto são anexados diretamente ao verbo. Na terceira pessoa do singular e do plural (*Lei* e *loro*), eles permanecem em suas posições originais antes do verbo.

A negativa da segunda pessoa do singular é formada com o infinitivo (veja também a Lição 16). A última letra do infinitivo é retirada e o pronome é anexado diretamente ao verbo: *non guardarlo, non prenderlo, non sentirlo!*
Com o imperativo abreviado na segunda pessoa dos verbos *andare, dare, dire, fare, stare* (*va', da', di', fa', sta'*), as primeiras letras do pronome são **dobradas** (com exceção de *gli*):

*di' + mi* → **dimmi** (diga-me), *fa' + lo* → **fallo** (faça-o),
*da' + le* → **dalle** (dê-lhe)

Lição 18  Gramática, exercício

**Soletrando em italiano**

| | | | |
|---|---|---|---|
| **A** (a) | come Ancona | **N** (enne) | come Napoli |
| **B** (bi) | come Bologna | **O** (o) | come Otranto |
| **C** (ci) | come Cagliari | **P** (pi) | come Palermo |
| **D** (di) | come Domodossola | **Q** (qu) | come Quarto |
| **E** (e) | come Empoli | **R** (erre) | come Roma |
| **F** (effe) | come Firenze | **S** (esse) | come Savona |
| **G** (gi) | come Genova | **T** (ti) | come Torino |
| **H** (acca) | | **U** (u) | come Udine |
| **I** (i) | come Imola | **V** (vu/vi) | come Venezia |
| **J** (i lunga) | | **W** (vu doppia) | |
| **K** (cappa) | | **X** (ics) | |
| **L** (elle) | come Livorno | **Y** (ipsilon) | |
| **M** (emme) | come Milano | **Z** (zeta) | come Zara |

**Exercício 1**

O exercício que segue contém dicas para a preparação de uma salada. Substitua a palavra *insalata* pelo pronome *la* colocado na posição correta.

Compra l'insalata. → Comprala!

1. Lava l'insalata.

   ........................................

2. Non lavare l'insalata con l'acqua calda.

   ........................................

3. Taglia l'insalata.

   ........................................

4. Metti l'insalata in un'insalatiera.

   ........................................

5. Condisci l'insalata con olio, aceto, pepe e sale.

   ........................................

6. Assaggia l'insalata.

   ........................................

Exercício  Lição 18

7. Porta l'insalata in tavola.

   ........................................

8. Mangia l'insalata.

   ........................................

---

**Repita o exercício 1 usando a terceira pessoa do singular (*Lei*).**

Compra l'insalata. ➔ La compri!

1. ........................................
2. ........................................
3. ........................................
4. ........................................
5. ........................................
6. ........................................
7. ........................................
8. ........................................

**Exercício 2**

---

**Forme o imperativo na segunda e terceira pessoas do singular (*tu* e *Lei*).** Use, dentre os verbos seguintes, os que mais se ajustam aos substantivos listados abaixo: bere, mangiare, provare, assaggiare, comprare, pagare, prendere, guardare, leggere. **Use os pronomes apropriados**
(e.g.: *Caffè: Bevilo!/Lo beva!, Compralo!/Lo compri!* etc.).

**Exercício 3**

| 1. caffè | 2. scarpe | 3. spaghetti | 4. libro |
|---|---|---|---|
| ............ | ............ | ............ | ............ |
| ............ | ............ | ............ | ............ |
| ............ | ............ | ............ | ............ |
| ............ | ............ | ............ | ............ |
| ............ | ............ | ............ | ............ |

Lição 18 — Exercício

**Exercício 4**

Responda às perguntas usando o imperativo.
Tome cuidado ao utilizar "tu" ou "Lei".

1. Scusi, posso aprire la finestra?
   Certo, ........................... pure.
2. Mamma, posso mangiare una caramella? Sì, ...... .
3. Scusa, posso fumare una sigaretta?
   Ma certo, ...... .
4. Cristina, cosa mi consigli, compro questa gonna o no? No, ...... .
5. Le dispiace se chiudo la porta?
   No, no, prego .................... pure.
6. Roberto ti ha scritto una lettera, posso leggerla? Sì, certo, ........ .

**Exercício 5**

Seu amigo Piero tem vários problemas e está pedindo um conselho seu. Use no imperativo as expressões sugeridas.

1. La mia macchina è rotta. (portare in officina)

   ........................................

2. Ho litigato con la mia ragazza. (scrivere una lettera)

   ........................................

3. Ho finito il dentifricio. (comprare)

   ........................................

4. Il mio appartamento è in disordine. (pulire)

   ........................................

5. Il 10 aprile è il compleanno di mia mamma. (regalare un mazzo di fiori)

   ........................................

Exercício, vocabulário — Lição 18

**Complete as frases seguintes usando as formas imperativas *dammi*, *fammi* e *dimmi*.**

1. Ti prego .................. un piacere!
2. Non so cosa fare, ....... un consiglio!
3. Marco, ........... subito il mio diario!
4. ................ la verità questa volta!
5. ...................... un po' di tempo!
6. È troppo pesante, .......... una mano, per favore.

*Exercício 6*

**Quais as partes que se completam?**

1. Buongiorno, vorrei
2. Mi dispiace,
3. Mi sa dire quando
4. Provi
5. Può dirgli che
6. Sì, certo, qual è
7. A più
8. Grazie,

a ho chiamato?
b il suo nome?
c tardi, allora.
d lo posso trovare?
e tra un'ora.
f non c'è.
g arrivederci.
h parlare con il direttore.

*Exercício 7*

| | |
|---|---|
| appuntamento *m* | encontro |
| attendere | esperar |
| caramella *f* | bala |
| cellulare *m* | celular |
| certamente | certamente |
| cognome *m* | sobrenome |
| condire | preparar |
| confermare | confirmar |
| dentifricio *m* | creme dental |
| diario *m* | diário |
| disordine *m* | desordem |
| edicola *f* | banca de jornais ou revistas |
| gettone telefonico *m* | ficha telefônica |
| gonna *f* | saia |
| lasciare | deixar (para trás) |
| litigare | litigar, brigar, discutir |
| mano *f* | mão |

*Vocabulário*

CENTOSESSANTUNO

# Lição 18 — Vocabulário, país e cultura

| | | | |
|---|---|---|---|
| **mazzo** *m* | buquê (flores) | **regalare** | dar (de presente) |
| **messaggio** *m* | mensagem | **richiamare** | ligar de volta |
| **mezz'ora** | meia hora | **ripetere** | repetir |
| **necessario** | necessário | **riunione** *f* | reunião |
| **nome** *m* | nome | **sale** *m* | sal |
| **officina** *f* | oficina | **tagliare** | cortar |
| **passare** | conectar com | **telefonino** *m* | celular |
| **pepe** *m* | pimenta | **tra** | em |
| **perfetto** | perfeito | **trovare** | encontrar |
| **provare** | provar | **volta** *f* | vez |

## Ao telefone

No passado, as cabines telefônicas eram comuns na maioria dos bares, tabacarias e bancas de revista (***edicole***) na Itália. Esse telefones eram acionados com fichas (***gettoni telefonici***) ou cartões, ambos em desuso hoje em dia. Se você quiser fazer uma ligação de um telefone em um bar ou pub, será cobrado de acordo com o número de unidades que usar, indicado pelo contador de unidades (***telefono a scatti***).

Hoje em dia, os telefones celulares (***telefonino/cellulare***) tornaram-se acessórios muito comuns. Eles podem ser ouvidos em praticamente todos os lugares, mas usá-los em certos ambientes, como restaurantes, por exemplo, é considerado falta de educação.

## Davanti al televisore

### 19

*Alessandra:* Ah, sei qui, Valentina!
Che cosa stai facendo?
*Valentina:* Sto guardando la televisione.
*Alessandra:* Non esci stasera?
*Valentina:* No, preferisco restare in casa.
*Alessandra:* Che cosa stai guardando?
*Valentina:* Un film americano degli anni trenta, in bianco e nero. Hai voglia di guardarlo anche tu?
*Alessandra:* Mah, non so. Sai che non guardo mai questo genere di film alla televisione. Non capisco niente e mi annoio.
*Valentina:* Ma qui la storia è molto semplice! Dunque, Rosemarie, la ragazza, è innamorata di Peter e lo vuole sposare, ma il padre non è d'accordo. Ecco, adesso lei sta andando dal suo fidanzato per dirgli che vuole scappare con lui. Ma il padre ha capito tutto e ha deciso di seguirla.
*Alessandra:* Su che canale è?
*Valentina:* Sul primo.

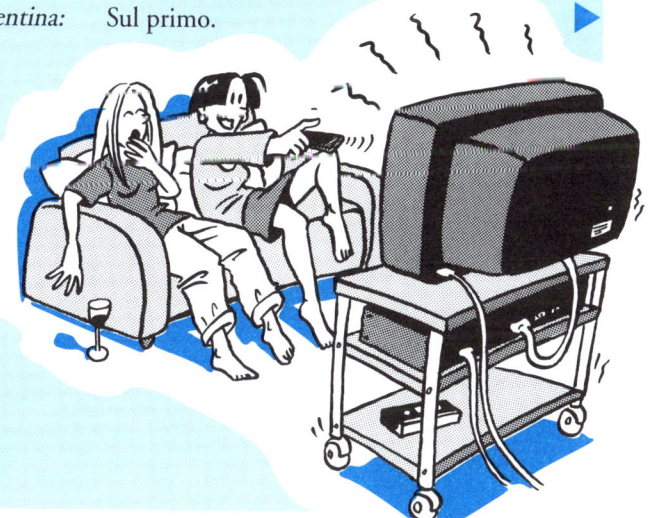

# Lição 19 — Diálogo

*Alessandra:* Non vuoi guardare che cosa c'è sul secondo?
*Valentina:* Aspetta, questa scena è molto divertente: la figlia è andata in una chiesa dove l'aspetta il suo fidanzato. Ma anche suo padre è lì, vestito da prete, e lei non l'ha riconosciuto e gli sta chiedendo un consiglio.
*Alessandra:* E dov'è il suo fidanzato?
*Valentina:* Lui ha già riconosciuto il padre della ragazza e sta cercando di nascondersi.
*Alessandra:* Dov'è il telecomando?
*Valentina:* Non lo so. Ah, guarda, adesso anche lei ha riconosciuto suo padre ed è svenuta!
*Alessandra:* È svenuta davvero?
*Valentina:* Uffa, Alessandra! Se non smetti di parlare, non capisco niente neanch'io!!!

## Vendo TV

*Alessandra:* Ah, aí está você, Valentina! O que você está fazendo agora?
*Valentina:* Estou assistindo TV.
*Alessandra:* Não vai sair esta noite?
*Valentina:* Não, prefiro ficar em casa.
*Alessandra:* O que você está assistindo?
*Valentina:* Um filme americano dos anos trinta, em preto e branco. Quer assistir também?
*Alessandra:* Ah, não sei. Você sabe que nunca vejo esse tipo de filme na TV. Não entendo nada e fico aborrecida.
*Valentina:* Mas a história é muito simples! Bem, Rosemarie, a garota, está apaixonada por Peter e quer se casar com ele, mas o pai é contra. Então ela procura o noivo para dizer-lhe que quer fugir com ele. Mas o pai dela descobre e começa a segui-la.
*Alessandra:* Em que canal está passando?
*Valentina:* Canal 1.
*Alessandra:* Não quer ver o que está no canal 2?
*Valentina:* Espere, esta cena é muito engraçada: a filha vai para

| | |
|---|---|
| | a igreja onde seu noivo a espera. Mas o pai dela está lá também, vestido de padre, e ela não o reconhece... Agora está pedindo a ele um conselho. |
| *Alessandra:* | E onde está o noivo? |
| *Valentina:* | Ele já reconheceu o pai da garota e está tentando se esconder. |
| *Alessandra:* | Onde está o controle remoto? |
| *Valentina:* | Não sei. Olhe, ela agora reconheceu o pai e desmaiou. |
| *Alessandra:* | Desmaiou mesmo? |
| *Valentina:* | Poxa, Alessandra! Se você não parar de falar, eu também não vou entender nada! |

### O presente contínuo

Em italiano, assim como em português, o tempo presente pode indicar uma ação contínua, que está ocorrendo no mesmo momento da enunciação. É formado com a conjugação do verbo **stare** (ver Lição 2) e o **gerúndio**:

guard-are       prend-ere       sent-ire
guard-**ando**  prend-**endo**  sent-**endo**

Formas irregulares do gerúndio:
bere – **bevendo**       fare – **facendo**
dire – **dicendo**       tradurre – **traducendo**

**stare** + gerúndio

| io | **sto** | **guardando** la televisione. (Estou assistindo à TV.) |
| tu | **stai** | **leggendo** il giornale. |
| lui, lei, Lei | **sta** | **mangiando**. |
| noi | **stiamo** | **andando** a casa. |
| voi | **state** | **parlando**. |
| loro | **stanno** | **dormendo**. |

Os pronomes correspondentes podem ser posicionados tanto à frente do verbo **stare** quanto depois do gerúndio:
– **Lo** sto mangiando.        Sto mangiando**lo**.

| uscire | (sair) | | |
|---|---|---|---|
| io | **esco** | noi | **usciamo** |
| tu | **esci** | voi | **uscite** |
| lui, lei, Lei | **esce** | loro | **escono** |

### Negativas duplas

Há algumas situações em que a dupla negativa tem de ser usada no italiano:

**Non** bevo **mai** il caffè. (Eu nunca bebo café.)
**Non** compro **niente/nulla.** (Não compro nada.)
**Non** conosco **nessuno.** (Não conheço ninguém.)
**Non** viene **nemmeno/neanche/neppure** Maria.
(Maria também não vem.)

Mas:
Nas sentenças começadas com **mai, niente, nulla, nessuno, nemmeno, neanche, neppure**, o **non** é omitido:

Nessuno ha telefonato. (Ninguém telefonou.)
Nemmeno Maria è venuta. (Maria também não veio.)
Neanche lei lo conosce. (Ela não o conhece também.)

### A preposição di

A preposição **di** é usada:

- para expressar posse (genitivo)
  la casa **di** Maria (A casa de Maria)
- para especificar algo material
  un maglione **di** lana (uma malha de lã)
- para expressar tempo/período
  **di** mattina, **d'**estate (de manhã, no verão)

Gramática, exercício — Lição 19

- para definir de onde uma pessoa provém
  *Sono **di** Palermo.* (Sou de Palermo.)
- como artigo partitivo
  *due chili **di** mele* (dois quilos de maçã)
- depois de expressões idiomáticas tais como:

*essere innamorato **di***
(estar apaixonado por)
*avere voglia **di***
(ter vontade de)
*avere paura **di***
(ter medo de)
*decidere **di** + infinitivo*
(decidir)
*credere **di** + infinitivo*
(acreditar)

*cercare **di** + infinitivo*
(tentar)
*finire **di** + infinitivo*
(terminar)
*smettere **di** + infinitivo*
(parar)
*sperare **di** + infinitivo*
(esperar)

## Exercício 1

Complete com a forma correta no gerúndio.

1. parlare .............................
2. dare .............................
3. dire .............................
4. vedere .............................
5. pulire .............................
6. incontrare .............................
7. venire .............................

## Exercício 2

Escreva as frases no presente contínuo usando o exemplo que segue.

Marco va in ufficio in macchina. →
Marco sta andando in ufficio in macchina.

1. Piera si veste in camera sua.
   .............................................
2. Zia Carla parte per le vacanze.
   .............................................

Lição 19            Exercício

3. Andiamo a fare la spesa al supermercato all'angolo.

..........................................

4. Fa i compiti.

..........................................

5. Telefonano a Carla per dirle di venire più tardi.

..........................................

6. Ascolti le notizie alla radio.

..........................................

### Exercício 3

**Responda às perguntas usando o exemplo seguinte.**

Hai già letto questo libro?
No, lo sto leggendo adesso.

1. Hai già telefonato a Patrizia?

   No, ............. .

2. Si è già alzata Marina?

   No, ............. .

3. Hai già scritto a Silvia?

   No, ............. .

4. Avete già bevuto il caffè?

   No, ............. .

5. Maria è già uscita?

   No, ............. .

6. Hai già preparato il pranzo?

   No, ............. .

Exercício — Lição 19

**Insira *non* onde for necessário.**

**Exercício 4**

1. Piero ...... va mai al cinema.
2. Nessuno ...... è venuto a trovarmi.
3. Mi dispiace, ...... voglio comprare niente.
4. Forse ...... ha invitato neanche Alessandra.
5. Neanche Marina ...... è stata invitata.
6. ...... sono mai stato in Cina.
7. Nessuno ...... l'ha visto.
8. ...... vuole mai niente.

**Complete com as preposições corretas.**

**Exercício 5**

1. Marco non ha paura ...... niente.
2. Vado ...... Firenze ...... treno.
3. Quando finisci ...... lavorare?
4. La macchina ...... Patrizia è parcheggiata qui ...... angolo.
5. Hai voglia ...... venire ...... cinema?
6. Mi dia mezzo chilo ....., ciliegie.
7. Vorrei tre cestini ...... fragole.
8. Torno ...... casa ...... otto.

**Quais as partes que se completam para formar frases completas?**

**Exercício 6**

1. Di solito Luca smette di
2. Ho voglia di un
3. Paolo è innamorato di
4. Stefania ha deciso di
5. Non hai paura del

a andare in Venezuela.
b Valentina.
c dentista?
d gelato.
e lavorare alle cinque.

CENTOSESSANTANOVE

## Lição 19 — Vocabulário, país e cultura

**Vocabulário**

| | |
|---|---|
| americano | americano |
| anni trenta | anos trinta |
| annoiarsi | aborrecer-se |
| canale *m* | canal |
| cercare di | tentar |
| ciliegia *f* | cereja |
| compito *m* | lição de casa |
| decidere (di) | decidir |
| fidanzato *m* | noivo |
| genere *m* | tipo, gênero |
| innamorato (di) | estar apaixonado (por) |
| maglione *m* | malha, blusa |
| nascondersi | esconder-se |
| neanche | também não |
| nemmeno | nem mesmo |
| neppure | nem sequer |
| nero | preto |
| nessuno | ninguém |
| notizia *f* | notícia |
| nulla | nada |
| paura *f* | medo |
| prete *m* | padre |
| restare | ficar, restar |
| riconoscere | reconhecer |
| scappare | escapar, fugir |
| scena *f* | cena |
| seguire | seguir |
| smettere | parar |
| sperare | esperar |
| sposare | casar |
| svenire | desmaiar |
| telecomando *m* | controle remoto |
| televisore *m* | televisão |
| tradurre | traduzir |
| uffa | Arre! Poxa! |
| vestito da | vestido de |

### Televisão na Itália

A televisão desempenha um papel importante no dia a dia dos italianos.

A emissora estatal **Rai** (Radiotelevisione Italiana) mantém três canais: **Raiuno, Raidue, Raitre** (sendo o terceiro com programação regional).

O número de estações privadas de transmissão subiu consideravelmente nos últimos anos, resultando na proliferação de *talk shows* e canais de filmes. Na maioria dos lares italianos a TV é mantida ligada durante todo o dia, até mesmo durante as refeições, sem que os espectadores prestem muita atenção aos programas.

LIÇÃO
## 20

# Un giorno di festa

Il 25 aprile è stata proprio una giornata speciale. Tutta la famiglia Simoni si è alzata di buon'umore. Il papà ha promesso di lavare la macchina (che miracolo!) e di fare una partita a carte con la nonna. Valentina e Stefano hanno deciso di preparare il pranzo per fare una sorpresa alla mamma e l'hanno mandata con Alessandra a fare una passeggiata. Poi sono andati in cucina e Valentina ha iniziato a preparare le lasagne. Ma ha telefonato Paolo e Valentina le ha dimenticate nel forno, così si sono bruciate. Stefano invece ha preparato un arrosto di vitello con patate. Purtroppo le patate le ha salate un po' troppo, ma almeno non le ha dimenticate nel forno. Quando Piera e Alessandra sono tornate tutta la famiglia si è seduta a tavola. Che sorpresa per la mamma! Stefano e Valentina hanno servito le lasagne bruciate e tutti le hanno mangiate di gusto (soprattutto la mamma). Alla fine del pranzo hanno portato in tavola una bellissima torta con la scritta "Alessandra". L'hanno comprata in pasticceria e poi l'hanno decorata con la panna. Alla sera è arrivato Marco. È venuto per vedere Alessandra e l'ha portata fuori a cena. Chissà a che ora sono tornati?!

# Lição 20 — Diálogo, gramática

## Um dia de festa

O 25 de abril foi um dia realmente especial. Toda a família Simoni acordou de bom humor. O pai prometeu lavar o carro (um milagre!) e jogar cartas com a avó. Valentina e Stefano decidiram preparar o almoço para fazer uma surpresa à mãe, que mandaram para um passeio com Alessandra. Foram para a cozinha e Valentina começou a preparar a lasanha, mas Paolo telefonou e Valentina esqueceu a lasanha no forno, e acabou queimando. Stefano, por outro lado, preparou vitela assada com batatas. Apesar de ter salgado um pouquinho demais as batatas, ele não as esqueceu no forno... Quando Piera e Alessandra voltaram para casa, toda a família sentou-se à mesa para a refeição. E que surpresa foi para a mãe deles! Stefano e Valentina serviram a lasanha queimada e todo mundo gostou de comê-la (especialmente a mãe). No final do almoço trouxeram um bolo maravilhoso sobre o qual estava escrito "Alessandra", que haviam comprado na doceria e depois decorado com chantili. Marco apareceu no início da noite. Ele veio para ver Alessandra e a levou para jantar. Quem sabe a que horas voltaram?!

### Pretérito perfeito + pronomes

As terminações do particípio passado formado com o verbo auxiliar **avere** podem mudar se o verbo conjugado no presente for precedido de um pronome objeto direto (**la, le, lo, li, ne**):

*Hai mangiato il pane? Sì, l'ho mangiato.* (l' = lo)
*Hai mangiato la pizza? Sì, l'ho mangiata tutta.* (l' = la)
*Hai comprato i biglietti? Sì, li ho comprati.*
*Quando hai visto Piera e Simona? Le ho viste ieri.*

Se o objeto **precede** o verbo, o pronome apropriado também é inserido:

*Marco ha comprato le patate, Silvia ha comprato i piselli.*
*Le patate le ha comprate Marco, i piselli li ha comprati Silvia.*

No segundo exemplo, as palavras *patate* e *piselli* estão posicionadas no início para dar ênfase.

Gramática                                                                 Lição 20

### A preposição a

A preposição **a** é usada:

- para definir o objeto indireto
  *Lo porto **a** Maria.*          (Eu trago isso para Maria.)

- para especificar locais e direções
  **a** *Roma*          (para/em Roma)
                        (com cidades e ilhas pequenas)
  **al** *mercato*      (para o mercado)
  **al** *mare*         (para o mar)
  **al** *bar*          (para o/no bar)
  **a** *scuola*        (para a/à escola)

- para definir tempo e/ou hora
  **alle** *due e mezza* (às duas e meia)
  **a** *Natale*         (no Natal)
  **a** *maggio*         (em Maio)

- para especificação de modo ou maneira
  *saltimbocca **alla** romana*
  *un vestito **a** righe* (um vestido listrado)

- para indicar meios ou recursos
  *andare **a** piedi*   (ir a pé)

- com quantidades
  *due euro **al** chilo*       (dois euros por quilo)
  *100 chilometri **all'**ora*  (100 km/h)
  *una volta **al** mese*       (uma vez por mês)

- depois de verbos específicos, tais como
  *cominciare **a** + infinitivo* (começar a)
  *continuare **a** + infinitivo* (continuar a)
  *riuscire **a** + infinitivo* (obter sucesso em)

Lição 20 — Gramática, exercício

## A preposição *in*

A preposição *in* é usada:
- para especificar locais e direções
  - *in Italia* (na/para a Itália)
  - (com países e ilhas maiores)
  - *in centro* (no centro)
  - *in città* (na cidade)
  - *in ufficio* (no escritório)
- para definir períodos de tempo
  - *in primavera* (na primavera)
  - *in maggio* (em maio)
  - *in tre giorni* (em/dentro de três dias)
- para especificar a utilização de um meio de transporte
  - *in bicicletta* (de bicicleta)
  - *in treno* (de trem)

**Exercício 1**

Responda às perguntas.

Dove hai visto mia madre? (in giardino)
→ L'ho vista in giardino.

1. Hai già letto il giornale? (sì)

   ...........................................

2. Quando hai sentito la radio? (stamattina)

   ...........................................

3. Hai già fatto la spesa oggi? (no, non ancora)

   ...........................................

4. Dove hai comprato queste melanzane? (al mercato)

   ...........................................

5. Hai già visto l'Aida? (sì)

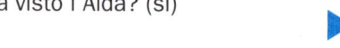

   ...........................................

**6.** Hai già provato questi spaghetti? (sì)

..........................................

**7.** Dove hai conosciuto i miei genitori? (a Firenze)

..........................................

---

### Complete com as terminações corretas.

Oggi Marco ha preparat.... (1) l'anatra all'arancia. Ha trovat.... (2) la ricetta in un vecchio libro di cucina, l'ha lett.... (3) molto bene e poi ha iniziat.... (4) a cucinare. Ha preparat.... (5) la carne poi l'ha mess.... (6) in forno. Dopo mezz'ora l'ha pres.... (7) e l'ha mess.... (8) sul balcone. Ma un gatto l'ha vist.... (9) e l'ha mangiat.... (10). Ecco perché oggi tutta la famiglia è andat.... (11) al ristorante.

---

### Uma página da agenda de Alessandra.
O que ela fez ontem?

18
9:00 SVEGLIA
10:00 PASSEGGIATA CON PIERA
13:30 PRANZO IN CASA
14:00 TV
19:00 MARCO! RISTORANTE "LE TRE NOCI"
24:00 BUONA NOTTE!

19

Ieri Alessandra ....................................................
............................................................................
............................................................................

Lição 20 — Exercício

## Exercício 4

**Coloque os pronomes seguintes nos locais corretos:**
*li – gli – gli – la – la – lo – l' – ti – le – te la.*

1. Conosci Marina? Sì, ..... conosco.
2. Quando hai telefonato a Marco? ..... ho telefonato alle tre.
3. Mi scrivi una lettera? Sì, ..... scrivo.
4. Hai invitato Sandra e Paolo alla festa? No, non ..... ho invitati.
5. Dove hai comprato questa torta? ..... ho comprata alla pasticceria Centrale.
6. Mi vedi bene, adesso? Sì, adesso ..... vedo benissimo.
7. Bevi il caffè? No, non ..... bevo mai.
8. Guardi spesso la televisione? Sì, ..... guardo molto spesso.
9. Che cosa hai scritto a Gino? ..... ho scritto una cartolina.
10. Che cosa regali a Silvia per il suo compleanno? ..... regalo un libro.

## Exercício 5

**Reescreva a história no passado.**

Oggi Roberto si alza presto. Fa colazione in un bar e poi va in ufficio. Alle 11h00 gli telefona Cristina e gli chiede di andare a pranzo insieme. Così si incontrano alle 12h30 al ristorante "Al Mulino" e mangiano una bella insalata. Poi Roberto torna in ufficio. Alle 18h00 esce e va a casa di Mariella. Loro chiacchierano un po' e poi vanno al cinema. Dopo il cinema vanno in un bar e a mezzanotte tornano a casa.

Ieri Roberto ........................................................

## Exercício 6

**Complete com o imperativo dos verbos entre parênteses.**

Oggi Piera è molto arrabbiata con Stefano e gli dice: (studiare)
......... un po', (pulire) ......... la tua stanza, (non ascoltare)
......... sempre la musica, (fare) ......... il tuo letto, (porta)
......... la nonna dal dottore, (leggere) ......... un libro, (andare)
......... a letto presto, (non fumare) ......... tante sigarette e
(ascoltare) ......... un po' quando ti parlo!!!

## Exercício 7

**Complete as partes que faltam da entrevista.**

**A:** Scusi, signora, ...............?
**B:** Abito a Milano.
**A:** ...............?
**B:** Sono nata a Pavia.
**A:** ...............?
**B:** Ho tre figli.
**A:** ...............?
**B:** Sì, lavoro in banca.
**A:** ...............?
**B:** Mi alzo alle sette.
**A:** ...............?
**B:** Comincio a lavorare alle nove.
**A:** ...............?
**B:** A mezzogiorno mangio in mensa.
**A:** ...............?
**B:** Finisco di lavorare alle 17h30.

Lição 20 — Exercício, vocabulário

## Exercício 8

**Escreva a história pessoal da Sra. Rinaldi.**

Use algumas destas expressões:

data di nascita = data de nascimento
luogo di nascita = local de nascimento
dal... al... = de... até...
frequentare = visitar
sposarsi con = casar-se
lavorare come = trabalhar como

```
NOME E COGNOME: FRANCESCA RINALDI
DATA DI NASCITA: 7 OTTOBRE 1958
LUOGO DI NASCITA: FOGGIA
DAL 1964 AL 1972: SCUOLA ELEMENTARE
                  E MEDIA A FOGGIA
DAL 1973 AL 1978: LICEO A BARI
1979: MATRIMONIO CON FABRIZIO DE SANTI
DAL 1980 AL 1986: IMPIEGATA ALLE POSTE DI BARI
1986: NASCITA DELLA FIGLIA CRISTINA
DAL 1990 AL 1995: IMPIEGATA ALLE POSTE DI BARI
1995: NASCITA DEL FIGLIO LUCA
```

Francesca Rinaldi è ...............................................

## Vocabulário

| | |
|---|---|
| **arrabbiato** | bravo, irritado |
| **arrosto** m | assado |
| **bruciare** | queimar |
| **carte** f pl | cartas |
| **chiacchierare** | bater papo |
| **chissà** | quem sabe |
| **dal... al...** | de... até... |
| **data di nascita** f | data de nascimento |
| **decorare** | decorar |
| **di buon'umore** | de bom humor |
| **dimenticare** | esquecer |
| **festa** f | festa |
| **forno** m | forno |
| **gusto** m | gosto, sabor |
| **lavorare come** | trabalhar como |

| | | | |
|---|---|---|---|
| luogo *m* | lugar, local | promettere | prometer |
| luogo di nascita *m* | local de nascimento | ricetta *f* | receita |
| | | salare | salgar |
| mandare | mandar | scritta *f* | inscrição, mensagem |
| mangiare di gusto | gostar de comer | scuola elementare *f* | ensino fundamental |
| matrimonio *m* | casamento | | |
| miracolo *m* | milagre | scuola media *f* | ensino médio |
| mulino *m* | moinho | servire | servir |
| nascita *f* | nascimento | sorpresa *f* | surpresa |
| noce *f* | noz | speciale | especial |
| panna *f* | creme de leite | stanza *f* | sala, quarto |
| pisello *m* | ervilha | torta *f* | bolo decorado |
| portare fuori | levar embora | umore *m* | humor |
| posta *f* | correio | vitello *m* | vitela |

## Festas italianas

| | | |
|---|---|---|
| 1º de janeiro | **Capodanno** | Dia de Ano-Novo |
| 6 de janeiro | **Epifania** | Dia de Reis |
| | **Pasqua** | Páscoa |
| | **Lunedì dell'Angelo (Pasquetta)** | Segunda de Páscoa |
| 25 de abril | **Anniversario della Liberazione** | (Aniversário do) Dia da Libertação |
| 1º de maio | **Festa dei Lavoratori** | Dia do Trabalho |
| 15 de agosto | **Assunzione di Maria (Ferragosto)** | Assunção de Nossa Senhora |
| 1º de novmbro | **Ognissanti** | Dia de Todos os Santos |
| 8 de dezembro | **Immacolata Concezione** | Imaculada Conceição |
| 25 de dezembro | **Natale** | Natal |
| 26 de dezembro | **Santo Stefano** | Dia de Santo Stefano |

# Teste 4

**1** Escolha uma das duas respostas, depois vá para o quadro com o número de sua resposta.

**2** Dov'è Marco? ...

Lo ecco! ⇨ 14
Eccolo! ⇨ 23

**6** Muito bem! Continue:

... nessuno.

Non viene ⇨ 16
Viene ⇨ 19

**7** Errado!

Volte para o número 4.

**11** Bom! Continue: Mi porti un caffè? Sì, ... porto.

lo ti ⇨ 30
te lo ⇨ 4

**12** Certo! Continue: Signora, ... qui per favore!

viene ⇨ 22
venga ⇨ 20

**16** Ótimo! Continue: Sandra, ..., sono le otto.

svegliati ⇨ 29
ti sveglia ⇨ 21

**17** Errado!

Volte para o número 24.

**21** Errado!

Volte para o número 16.

**22** Errado!

Volte para o número 12.

**26** Muito bem! Continue: Giulia, ... tardi!

non tornare ⇨ 9
non torna ⇨ 5

**27** Errado!

Volte para o número 9.

# Teste 4

**3** Errado!

Volte para
o número 13.

**4** Bom! Continue:
Che cosa stai ... ?

fando ⇨ 7
facendo ⇨ 13

**5** Errado!

Volte para
o número 26.

**8** Errado!

Volte para
o número 28.

**9** Bom! Continue:
La banca è ...
supermercato.

vicino al ⇨ 12
vicino il ⇨ 27

**10** Errado!

Volte para
o número 20.

**13** Bom! Continue:
Finisco ... alle
17h00.

lavorare ⇨ 3
di lavorare ⇨ 28

**14** Errado!

Volte para
o número 2.

**15** Certo! Continue:
Hai fame? ...
qualcosa.

Mangi ⇨ 18
Mangia ⇨ 26

**18** Errado!

Volte para
o número 15.

**19** Errado!

Volte para
o número 6.

**20** Certo! Continue:

Marco, ... tutto.

mi di' ⇨ 10
dimmi ⇨ 24

**23** Muito bem!
Continue:

... conosco nessuno.

Io ⇨ 25
Non ⇨ 11

**24** Bom! Continue:

Ecco il caffè: ...!

bevilo ⇨ 6
lo bevi ⇨ 17

**25** Errado!

Volte para
o número 23.

**28** Muito bem!
Continue:
Hai visto Simona?
Sì, ... .

l'ho vista ⇨ 15
l'ho visto ⇨ 8

**29** Certo!

Fim do exercício!

**30** Errado!

Volte para
o número 11.

## LIÇÃO 21

# La nonna racconta

Alla nonna piace molto stare insieme a tutta la famiglia a chiacchierare e giocare. In particolar modo le piace molto raccontare della sua giovinezza.
Carlotta: La mia famiglia viveva in un piccolo paese di pescatori. Amavamo molto il mare. Non avevamo tante cose ma ci divertivamo lo stesso. D'estate, la sera, noi ragazze ci sedevamo davanti alla porta di casa, ricamavamo o lavoravamo a maglia e guardavamo i ragazzi che passavano. La domenica andavamo a ballare sulla piazza del paese, mio papà non voleva, ma io andavo di nascosto. Un giorno mi ha visto. Non mi ha detto niente, ma quando sono tornata a casa mi ha proibito di uscire per quattro settimane. Non era cattivo, ma severo. Poi è scoppiata la guerra e la vita è cambiata per tutti.

### Recordações da vovó

A vovó gosta de ficar junto da família toda, conversando e jogando. Ela gosta especialmente de contar histórias sobre sua juventude.
Carlotta: Minha família vivia numa pequena vila de pescadores. Amávamos o mar. Não tínhamos muita coisa, mas nos divertíamos mesmo assim. Nas noites de verão, nós, garotas, nos sentávamos em frente à casa, bordando ou tricotando e olhando os rapazes que passavam. Aos domingos íamos dançar na praça da vila. Meu pai não queria que eu fosse, mas eu ia escondido. Um dia, ele me viu. Não disse uma palavra, mas, quando voltei para casa, proibiu-me de sair por quatro semanas. Ele não era mau, mas era severo. Aí a guerra estourou e a vida mudou para todo mundo.

## Pretérito imperfeito

|  | guardare | leggere | dormire | essere |
|---|---|---|---|---|
| io | guard**avo** | legg**evo** | dorm**ivo** | **ero** |
| tu | guard**avi** | legg**evi** | dorm**ivi** | **eri** |
| lui, lei, Lei | guard**ava** | legg**eva** | dorm**iva** | **era** |
| noi | guard**avamo** | legg**evamo** | dorm**ivamo** | **eravamo** |
| voi | guard**avate** | legg**evate** | dorm**ivate** | **eravate** |
| loro | guard**avano** | legg**evano** | dorm**ivano** | **erano** |

### ■ Verbos irregulares

bere: be**vevo**, be**vevi**, be**veva**, be**vevamo**, be**vevate**, be**vevano**
dire: di**cevo**, di**cevi**, etc.
fare: fa**cevo**, fa**cevi**, etc.
tradurre: tradu**cevo**, tradu**cevi**, etc.

O pretérito imperfeito é usado:

– para expressar um hábito no passado
*Da bambina giocavo sempre con le bambole.*

– para descrever um estado do passado
*La casa non era grande ma aveva un bel giardino.*

– para indicar uma ação no passado que não foi completada porque uma outra ação ocorreu
*Mentre leggevo il giornale, è arrivato Paolo.*

– para indicar uma ação no passado que não foi completada num determinado momento do tempo
*A mezzogiorno Fabio dormiva ancora.*

## Gramática, exercício

### enquanto/durante

O termo **enquanto** no italiano é usado assim
**mentre** + verbo:
*Ieri, **mentre** Marco **passeggiava** nel parco, ha incontrato Fulvio.*

**durante** é traduzido assim
**durante** + substantivo:
*Ieri, **durante una passeggiata** nel parco, Marco ha incontrato Fulvio.*

### Preposições relativas ao tempo

| | | |
|---|---|---|
| **a** = as, a | Paolo torna alle cinque. | |
| **da** = há, desde | Lo conosco da tre anni. | |
| **da...a** = de...até | Dal 1992 al 1995 ho lavorato a Pisa. | |
| **fa** = atrás | L'ho conosciuto due mesi fa. | |
| **fra/tra** = daqui a | Fra tre giorni vado al mare. | |
| **in** = na | In primavera faccio molto sport. | |
| **in** = dentro de | Le fotografie sono pronte in tre giorni. | |
| **per** = por | Alessandra resta a Milano per tre mesi. | |

### Exercício 1

Preencha com a forma correta do pretérito imperfeito.

Da bambina in estate ......... (andare) sempre al mare con la mamma. Il papà ci ......... (accompagnare) in macchina, ma lui ......... (restare) solo due giorni e poi ......... (tornare) in città, perché ......... (dovere) lavorare. (Noi) ......... (andare) sempre nello stesso posto. L'albergo ......... (essere) piccolo ma direttamente sul mare. La mattina (noi) ......... (fare) colazione in terrazza, poi ......... (andare) in spiaggia. La spiaggia non

Exercício | Lição 21

......... (essere) molto grande, ma noi bambini ......... (giocare) felici tutto il giorno. La sera (noi) ......... (telefonare) al papà e gli ....... (raccontare) le nostre avventure.

**Pretérito perfeito ou pretérito imperfeito?**
Preencha com a forma correta.

1. Al mare Valeria ........... sempre al ristorante. (mangiare)
2. Mentre ........... a casa, Simona ........... Gino. (tornare – incontrare)
3. Tutti i giorni, alle otto, Marco ........... di casa per andare a scuola. (uscire)
4. Da bambina Marta ........... i capelli biondi. (avere)
5. Mentre Piera ........... l'autobus, ........... . (aspettare – svenire)
6. Ieri, mentre (io) ........... la televisione, ........... Mario. (guardare – arrivare)
7. Da giovane mi ........... andare a ballare. (piacere)

*Exercício 2*

Descreva o que está acontecendo nas cenas 1 a 4 da página 186.

Ieri, mentre ........................................................
........................................................
........................................................
........................................................
........................................................

*Exercício 3*

# Lição 21 — Exercício

**Exercício 4**

Complete com as preposições de tempo corretas.

1. Non vedevo mio zio ...... 1989.
2. Ieri, ...... la lezione, il professore ha spiegato l'uso dell'imperfetto.
3. Ho fame, non mangio ...... tre giorni.
4. Ti ho aspettato ...... un'ora e poi sono andato a casa.
5. ...... venivo qui, ho visto tua madre.
6. ...... che ora inizia il film? ...... 10h00.
7. ...... una settimana parto per le vacanze.

## Quem é quem? Escolha as respostas corretas.

1. Il papà di mio marito?

   **a** mio padre   **b** mio suocero   **c** mio cognato

2. Il figlio della sorella di mia mamma?

   **a** mio fratello   **b** io   **c** mio cugino

3. La suocera di mia madre?

   **a** mia nonna   **b** mia zia   **c** mia cognata

4. La mamma del fratello di mio marito?

   **a** mia zia   **b** mia cognata   **c** mia suocera

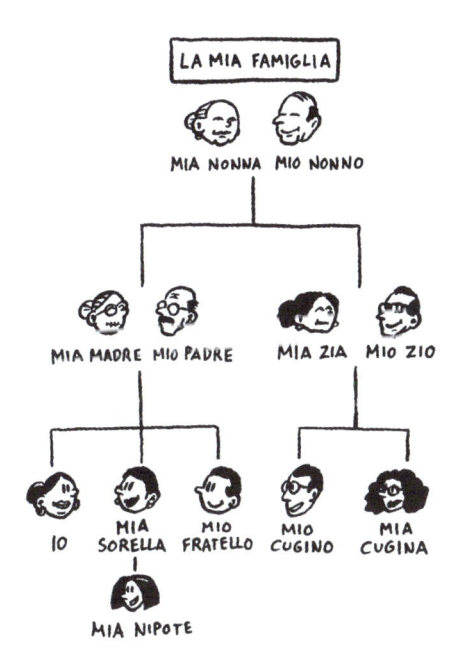

Lição 21 — Vocabulário, país e cultura

## Vocabulário

| | | | |
|---|---|---|---|
| avventura *f* | aventura | mentre | enquanto |
| bambola *f* | boneca | nonno *m* | avô |
| cattivo | desagradável, vil, mau | offrire | ofertar |
| | | onomastico *m* | onomástico |
| cognata *f* | cunhada | pescatore *m* | pescador |
| cognato *m* | cunhado | professore *m* | professor |
| cosa *f* | coisa | proibire | proibir |
| di nascosto | secretamente | ricamare | bordar |
| direttamente | diretamente | scoppiare | estourar, eclodir |
| durante | durante | | |
| felice | feliz, contente | scoppia la guerra | a guerra estoura |
| giovinezza *f* | juventude | severo | severo |
| guerra *f* | guerra | solo | sozinho |
| iniziare | começar | spiegare | explicar |
| lezione *f* | lição | suocera *f* | sogra |
| lo stesso | do mesmo jeito, mesmo assim | suocero *m* | sogro |
| | | terrazza *f* | terraço |
| | | uso *m* | uso, utilidade |

## Aniversários e o dia do nome (onomástico)

Os aniversários são celebrados na Itália como em qualquer outro lugar. A festa de aniversário não tem necessariamente de ocorrer no dia certo; pode acontecer antes ou depois. Congratula-se o aniversariante com **auguri** e **buon compleanno**. Há o costume de puxar a orelha da criança que faz aniversário tantas vezes quantos forem os anos que ela completa.

Em muitas regiões italianas, o dia do santo que dá nome a alguém (**onomastico**) constitui-se também numa ocasião para congratulações. Ainda que não se costume dar presentes nessa data, são comuns as saudações **Auguri!** ou **Buon onomastico!** e também um brinde em homenagem à pessoa em questão, que retribui convidando os amigos para um drinque (**offrire da bere**).

## Sfilata di moda

*Alessandra:* Buongiorno signor Arturi, sono Alessandra Jansen.

*Signor Arturi:* Piacere signorina Jansen, finalmente ci conosciamo di persona. Si trova bene qui in Italia?

*Alessandra:* Sì, grazie. Milano mi piace molto e il lavoro è veramente interessante.
A proposito: ha già visto la nostra collezione autunno–inverno?

*Signor Arturi:* No, aspettavo Lei.

*Alessandra:* Allora possiamo cominciare... Prego, signorina!... Il primo modello è un cappotto di lana grigio scuro, giacca a righe verticali con gonna in tinta unita nera; una bella camicetta di seta bianca e accessori in pelle nera.

*Signor Arturi:* Bel cappotto, molto elegante. In quali colori è disponibile?

*Alessandra:* Oltre al grigio scuro, in marrone, beige e blu notte. Ecco il campionario; che colore Le piace di più?

Lição 22　　　　　　　　　　　　　　　　　　　　　　　　　　Diálogo

> *Signor Arturi:* Il blu e il marrone sono i più belli, secondo me.
> *Alessandra:* Veniamo al secondo modello: un maglione di angora rosso, pantaloni scozzesi, cappotto corto nero, borsa e scarpe col tacco alto di camoscio.
> *Signor Arturi:* Questo modello è più sportivo del precedente, ma lo preferisco. Il cappotto corto non è così elegante ma sicuramente più pratico e si vende senz'altro bene.
> *Alessandra:* Ha ragione anche se lo stesso modello in verde scuro e in bianco è più elegante che in nero. Ma passiamo al terzo modello...

## Desfile de moda

*Alessandra:* Bom dia, Sr. Arturi, sou Alessandra Jansen.
*Sr. Arturi:* Muito prazer, Srta. Jansen, finalmente nos conhecemos pessoalmente. Está gostando da Itália?
*Alessandra:* Sim, obrigada. Eu gosto muito de Milão e meu trabalho é realmente interessante. A propósito, já viu nossa coleção outono-inverno?
*Sr. Arturi:* Não, estava esperando por você.
*Alessandra:* Então podemos começar... Por favor, senhorita... O primeiro modelo é um sobretudo de lã cinza-escuro, um casaco com listras verticais e uma saia preta lisa; uma bela blusa branca de seda e acessórios em couro preto.
*Sr. Arturi:* Belo sobretudo, muito elegante. Está disponível em que cores?
*Alessandra:* Além de cinza-escuro, em marrom, bege e azul-escuro. Aqui está o catálogo com as amostras. De qual cor o senhor gosta mais?
*Sr. Arturi:* O azul e o marrom são os mais bonitos para mim.
*Alessandra:* Vamos ver o segundo modelo: uma malha de lã angorá vermelha, calça xadrez, um casaco curto preto, bolsa e sapato de salto alto em camurça.
*Sr. Arturi:* Este estilo é mais esportivo que o primeiro, mas eu prefiro. O casaco curto não é tão elegante mas certamente é mais prático e definitivamente vai vender bem.

Diálogo, gramática        Lição 22

*Alessandra:*    O senhor tem razão, ainda que os mesmos modelos em verde-escuro e branco sejam mais elegantes que o preto. Mas vamos ao terceiro modelo...

---

### Comparativo e superlativo

1. O comparativo é formado pela adição de **più** (mais) ou **meno** (menos) antes do adjetivo:
        **più** *bello*      mais bonito
        **meno** *bello*      menos bonito

2. O superlativo é expresso pelo uso do **comparativo com o artigo definido**:
        *È **la più** bella casa della città.*
        (É a casa mais bela da cidade.)

3. O italiano tem também um superlativo absoluto que é formado com o final *-issimo*. Essa forma omite o comparativo e é usada para expressar uma grande qualidade de um objeto:
        *È una casa bell**issima**.*
        (É uma casa belíssima.)

### Comparativos irregulares

| **buono** | **migliore** | **il migliore** | **ottimo** |
|---|---|---|---|
| (bom) | (melhor) | (o melhor) | (muito bom) |
| **cattivo** | **peggiore** | **il peggiore** | **pessimo** |
| (mau) | (pior) | (o pior) | (muito ruim) |

O comparativo regular de **buono** (*più buono, buonissimo*) e **cattivo** (*più cattivo, cattivissimo*) só é usado em referência a pessoas e à comida:
     *La pizza è buonissima.*
     *Marco è più cattivo di suo fratello.*

## Outros comparativos irregulares

| | | |
|---|---|---|
| **grande** | **più grande** (maior) | **grandissimo** |
| | **maggiore** (mais velho, mais significante) | **massimo** |
| **piccolo** | **più piccolo** (menor) | **piccolissimo** |
| | **minore** (mais novo, mínimo) | **minimo** |
| **alto** | **più alto** (mais alto) | **altissimo** |
| | **superiore** (superior, melhor) | **supremo, sommo** |
| **basso** | **più basso** (mais baixo) | **bassissimo** |
| | **inferiore** (mais baixo) | **infimo** |

### Expressões comparativas

Ao comparar pessoas e objetos, use

**(tanto) ... quanto** ou **(così) ... come**
*Gianni è (così) alto come suo padre.*
*Margherita è (tanto) simpatica quanto Rosa.*

O português **que** é equivalente no italiano a **di**, quando seguido de um nome, substantivo ou pronome. Antes de preposições, adjetivos, advérbios ou verbos, use **che**:

*Roma è più grande **di** Venezia.* (Roma é maior que Veneza.)
*Meglio tardi **che** mai.* (Antes tarde do que nunca.)

### Cores (adjetivos)

Os seguintes adjetivos podem **mudar suas terminações**:
**bianco, rosso, nero, verde, giallo, grigio, azzurro, marrone.**

Estes **não mudam nunca**: **blu, rosa, viola, beige** e combinações como **verde chiaro** ou **verde scuro**.

# Gramática  Lição 22

## Formas adjetivas irregulares

Geralmente, no italiano, os adjetivos aparecem depois do substantivo. Contudo, **bello, brutto, grande, buono** e **bravo** podem ser posicionados antes, caso em que alguns deles mudam sua forma.

|  | bello | buono |
|---|---|---|
| antes do masc. sing. | **bel** ragazzo | **buon** caffè |
| antes do masc. sing. com vogal | **bell'** uomo | **buon** amico |
| antes do masc. sing. com z, s + consoantes, ps, gn | **bello** spettacolo | **buono** sconto |
| antes do masc. plur. | **bei** ragazzi | **buoni** caffè |
| antes do masc. plur. com vogal | **begli** uomini | **buoni** amici |
| antes do masc. plur. com z, s + consoantes, ps, gn | **begli** spettacoli | **buoni** sconti |
| antes do fem. sing. | **bella** ragazza | **buona** pizza |
| antes do fem. sing. com vogal | **bell'** attrice | **buon'** amica |
| antes do fem. plur. | **belle** ragazze | **buone** pizze |
| antes do fem. plur. com vogal | **belle** attrici | **buone** amiche |

O adjetivo **grande** pode ser abreviado em **gran** antes de substantivos que começam com consoante (mas não com **z** ou **s + consoante**): *gran signore*

Adjetivos podem levar o apóstrofo quando posicionados antes de vogais: **grand'***uomo*

Lição 22 — Exercício

## Exercício 1

**Forme sentenças comparativas com os seguintes adjetivos.**

vecchio   Paolo/Roberto
Paolo è più vecchio di Roberto

1. elegante   il cappotto/la giacca

   ..................................................

2. comodo    aereo/treno

   ..................................................

3. moderno   la lambada/il valzer

   ..................................................

4. pratico   i pantaloni/la gonna

   ..................................................

5. facile    l'inglese/l'italiano

   ..................................................

## Exercício 2

**Che cosa ti piace di più?**
Diga de que você gosta mais. Quando você usa *di* e quando usa *che*?

Le sigarette/i sigari   Mi piacciono di più le sigarette dei sigari.

1. andare a piedi/andare in macchina

   ..................................................

2. la mia bicicletta/la tua

   ..................................................

3. Venezia/Bologna

   ..................................................

4. suonare il pianoforte/andare a un concerto

   ..................................................

5. il cappuccino/il tè

   ..................................................

Exercício, vocabulário — Lição 22

**Escreva perguntas com as palavras oferecidas usando o superlativo conforme mostrado no exemplo.**

città/grande/Francia

Qual è la città più grande della Francia?

1. vino/buono/Germania

..........................................

2. montagna/alto/mondo

..........................................

3. film/bello/anno

..........................................

4. ristorante/cattivo/città

..........................................

5. vestito/bello/negozio

..........................................

*Exercício 3*

**Combine os substantivos com as diferentes formas de *bello*.**

Quanti complimenti!

Signora Simoni,

che bello ..................... **a** casa

bei ......................... **b** quadri

begli ........................ **c** poltrone

bella ....................... **d** ufficio

bell' ........................ **e** armadi

belle ....................... **f** specchio

*Exercício 4*

| | | | |
|---|---|---|---|
| a proposito | a propósito | basso | baixo |
| a righe | listrado | beige | bege |
| accessorio *m* | acessório | blu | azul |
| aereo *m* | avião | brutto | feio |
| alto | alto | camicetta *f* | blusa |
| angora *f* | lã angorá | camoscio *m* | camurça |

*Vocabulário*

|  |  |
|---|---|
| campionario *m* | catálogo de amostras |
| cappotto *m* | casaco, sobretudo |
| chiaro | claro, brilhante |
| collezione *f* | coleção |
| colore *m* | cor |
| comodo | confortável |
| concerto *m* | concerto |
| conoscersi | conhecer-se |
| corto | curto |
| di persona | pessoalmente |
| disponibile | disponível |
| erba *f* | grama |
| giacca *f* | jaqueta, casaco |
| giallo | amarelo |
| grigio | cinza |
| in tinta unita | cor única |
| lana *f* | lã |
| marrone | marrom |
| moda *f* | moda |
| modello *m* | modelo |
| moderno | moderno |
| mondo *m* | mundo |
| oltre a | exceto |
| pantaloni *m pl* | calças |
| pelle *f* | couro |
| pratico | prático |
| precedente | precedente |
| rosa | rosa |
| scarpa *f* | sapato |
| scozzese | escocês |
| secondo me | para mim |
| seta *f* | seda |
| sfilata di moda *f* | desfile de moda |
| si | se |
| specchio *m* | espelho |
| stesso | o mesmo |
| stoffa *f* | fazenda, tecido |
| tacco *m* | salto |
| trovarsi | encontrar-se, sentir-se |
| viola | violeta, roxo |

## Moda italiana

Não apenas Milão é uma das capitais mundiais da moda; toda a Itália é conhecida por seu estilo sofisticado. Muitas marcas caras são originárias da Itália e têm uma sólida base de consumidores no próprio país. Não é surpresa que a Itália lidere o *ranking* dos países europeus de maior gasto per capita com roupas e sapatos.

LIÇÃO 23

# Una lettera

Cara Silvia,
ormai sono a Milano da due mesi e non sono ancora riuscita a scriverti, ma ho veramente pochissimo tempo a disposizione. Mi perdoni? Voglio raccontarti un sacco di cose, ma non so da dove cominciare! Vivo con i signori Simoni che sono davvero gentilissimi con me; la signora cucina dei piatti squisiti e... avevi ragione, in Italia si mangia veramente molto: devo assolutamente mettermi a dieta!
Io e Valentina, la figlia dei Simoni, siamo diventate amiche e trascorriamo parecchio tempo insieme.
Ho già visitato Milano e i dintorni, sono stata al mare, ho fatto una gita a Firenze e sono stata sempre fortunata perché il tempo era splendido: sole e qualche nuvola, ma mai pioggia.
Anche il lavoro mi dà grosse soddisfazioni, i colleghi sono simpatici e c'è molto da imparare.
Quando ero a Firenze ho telefonato a tua sorella e mi ha detto che hai intenzione di venire una settimana in vacanza a giugno. È sicuro? Aspetto una tua risposta, così possiamo finalmente vederci.
Ah, ho ancora una notizia: ho conosciuto un ragazzo simpaticissimo, si chiama Marco ed è medico. Ci vediamo spesso e siamo andati a Firenze insieme, devi proprio conoscerlo!
Spero di vederti presto, saluti a tutti e un grosso bacio,

Alessandra

# Lição 23 — Diálogo

## Uma carta

Querida Silvia,
Já estou em Milão há dois meses e ainda não consegui escrever-lhe, mas realmente não tenho muito tempo livre. Me perdoa? Eu quero lhe dizer uma porção de coisas, mas não sei por onde começar! Eu vivo com a família Simoni, que é incrivelmente gentil comigo; a Sra. Simoni cozinha pratos deliciosos... você estava certa, come-se muito na Itália: terei de entrar em uma dieta!
Valentina – a filha dos Simoni – e eu nos tornamos boas amigas e passamos muito tempo juntas. Já visitei Milão e seu entorno. Estive no litoral e fiz uma viagem a Florença, e tive sorte, porque o tempo esteve sempre maravilhoso: sol e umas poucas nuvens, mas nunca chuva.
Eu também adoro o trabalho; meus colegas são legais e há muito a aprender.
Quando estava em Florença, liguei para sua irmã, que me disse que você planeja vir para cá ficar uma semana durante as férias de junho. É isso mesmo? Espero por sua resposta para então podermos finalmente nos ver.
Oh, há ainda uma outra novidade: conheci um rapaz muito legal. Seu nome é Marco e ele é médico. Nós nos vemos frequentemente e fomos a Florença juntos. Você tem de conhecê-lo!
Espero vê-la em breve, lembranças a todos e um grande beijo.

                                                                 Alessandra

## Gramática

### Construções com "si"

O pronome impessoal italiano **si,** equivalente ao **se** em português, é usado com o **verbo na terceira pessoa do singular:**
*In questo ristorante **si mangia** bene.*

Quando **si** é seguido por um objeto direto no singular, o verbo também aparece na terceira pessoa do singular:
*In questo ristorante **si mangia pesce**.*

Se, contudo, ele for seguido por um objeto direto no plural, o verbo vai para a terceira pessoa do plural, assim como no português:
*In questo ristorante **si mangiano ottimi dolci**.*

Antes dos verbos reflexivos, **si** é substituído pelo **ci** para evitar a repetição da partícula **si**:
*In vacanza **ci si alza** sempre tardi.*

### O clima (tempo)

| | |
|---|---|
| **Che tempo fa?** | Como está o tempo? |
| **fa bello/brutto** | está bom/ruim |
| **fa caldo/freddo** | está quente/frio (faz calor/frio) |
| **c'è il sole** | está ensolarado/há sol |
| **c'è nebbia** | há neblina |
| **c'è vento** | há vento |
| **ci sono temporali** | está um temporal |
| **è sereno** | está sereno |
| **è nuvoloso** | está nublado |
| **è coperto** | está encoberto |
| **piove** | está chovendo/chove |
| **nevica** | está nevando |

Lição 23 — Exercício

**Exercício 1**

Escreva a forma impessoal dos verbos ao lado, como no exemplo.

Che cosa si fa in vacanza al mare?
Si prende il sole.

1. .............. in barca. (andare)
2. .............. nuovi amici. (conoscere)
3. .............. il bagno. (fare)
4. .............. molti libri. (leggere)
5. .............. delle gite. (fare)
6. .............. molto pesce. (mangiare)

**Exercício 2**

Complete as frases com *si può, si deve, si vuole*.

1. In questo ristorante ........... mangiare fino alle 23h00.
2. Non ........... guidare la macchina senza patente.
3. Se ........... dimagrire non ........... mangiare troppo.
4. Non ........... entrare al cinema senza biglietto.
5. Non ........... sempre fare tutto quello che ........... .
6. In questa trattoria ........... fumare.

**Exercício 3**

Escreva as várias ações no pretérito perfeito e adicione a explicação correspondente. A primeira já foi feita para você.

| | |
|---|---|
| prendere l'autobus | la macchina essere rotta |
| mettersi il cappotto | fare freddo |
| mangiare un hamburger | avere fame |
| prendere l'ombrello | piovere |
| non andare al cinema | essere stanco |

Exercício — Lição 23

comprare dei fiori — essere il compleanno di Pia

fare una passeggiata — fare bello

bere una birra — avere sete

1. Domenica ho preso l'autobus perché la macchina era rotta.
2. ...........................................
3. ...........................................
4. ...........................................
5. ...........................................
6. ...........................................
7. ...........................................
8. ...........................................

**Complete o cartão-postal ao lado preenchendo-o com as expressões apropriadas.**

abbiamo deciso – nuotavamo – è rimasta – eravamo – doveva – hai visto – abbiamo fatto – faceva – abbiamo visto

Carissimo Alberto,

come stai? Spero bene. .............. che bel mare? Io e Filippo .............. molto stanchi così .............. di fare una settimana di vacanza in Sicilia. Il posto è meraviglioso. Ieri .............. una gita in barca a vela perché .............. bel tempo, e mentre .............., .............. dei pesci stupendi.

*Exercício 4*

# Lição 23 — Exercício

Purtroppo Laura .............. a Roma perché .............. lavorare. E tu, quando vai in vacanza? Vieni presto a trovarci o almeno scrivi!

Un abbraccio,

                              Anna

---

## Exercício 5

**Che tempo fa in Italia?**
Como está o tempo nestas cidades italianas?

1. A Torino ..............................
2. A Venezia ............................
3. A Pisa ................................
4. A Roma ...............................
5. A Bari ................................
6. A Catania ............................
7. A Cagliari ...........................

Exercício, vocabulário — Lição 23

## Exercício 6

**Conecte os adjetivos com os substantivos correspondentes.**

| | |
|---|---|
| ristorante | dolce |
| pesce | verde |
| viaggio | naturale |
| fragola | lungo |
| vestito | messicano |
| acqua | fresco |

## Exercício 7

**Di che colore è?**
Você pode especificar a cor desses itens?

1. Il latte è ...............................
2. Il mare è ...............................
3. I pomodori sono ......................
4. Il sole è ...............................
5. Il vino è ...............................
6. L'erba è ...............................

## Vocabulário

| | |
|---|---|
| **a disposizione** | à disposição |
| **ambientarsi** | ambientar-se |
| **assolutamente** | absolutamente |
| **cerchio** m | círculo |
| **cielo** m | céu |
| **coperto** | coberto, encoberto |
| **dare** | dar |
| **soddisfazione** | satisfação |
| **dimagrire** | emagrecer |
| **dintorni** m pl | entorno |
| **essere fortunato** | ser sortudo |
| **guidare** | dirigir (carro) |
| **imparare** | aprender |
| **intenzione** f | intenção |
| **luna** f | lua |
| **meraviglioso** | maravilhoso |
| **mettersi a dieta** | fazer dieta |
| **nebbia** f | neblina |
| **nevicare** | nevar |
| **nostalgia** f | saudade |
| **nuvola** f | nuvem |
| **nuvoloso** | nublado |
| **ombrello** m | guarda-chuva |
| **ormai** | agora, já |
| **parecchio** | muito, bastante |
| **partire** | partir |
| **patente** f | carteira de motorista |
| **pecora** f | carneiro |
| **pecorella** f | ovelha |
| **perdonare** | perdoar |
| **pioggia** f | chuva |
| **piovere** | chover |
| **presto** | logo, rápido |

# Lição 23 — Vocabulário, país e cultura

| | | | |
|---|---|---|---|
| rimanere | ficar, permanecer | temporale *m* | temporal |
| risposta *f* | resposta | trascorrere | passar, transcorrer |
| riuscire | conseguir, alcançar | trattoria *f* | restaurante |
| saluto *m* | saudação | un sacco di | um punhado de, uma porção de |
| sereno | sereno, claro | | |
| splendido | esplêndido | venire a trovare | vir encontrar, vir visitar |
| squisito | delicioso, gostoso | vento *m* | vento |
| stupendo | maravilhoso, estupendo | veramente | realmente |

## O clima

Como todo mundo, os italianos também usam várias expressões e provérbios para prever o tempo (clima). As coisas não estão muito bem quando você ouve a expressão **cielo a pecorelle, acqua a catinelle** (literalmente "céu de carneirinhos, água a cântaros"), pois nuvens macias anunciam uma chuva torrencial. Contudo, pode contar com um dia lindo quando ouvir: **rosso di sera, bel tempo si spera**. Neblina rente ao chão também não deve lhe causar preocupação, pois isso não mudará o tempo ensolarado: **nebbia bassa, bel tempo lascia**. Mantenha sua sombrinha e sua capa de chuva prontas quando vir um halo em torno da lua, pois os italianos dizem: **se la luna il cerchio fa, vento o pioggia vi sarà**.

LIÇÃO

# In farmacia

## 24

*Alessandra:* Buongiorno.
*Farmacista:* Buongiorno, desidera?
*Alessandra:* Vorrei qualcosa contro il raffreddore, per favore.
*Farmacista:* Ha la febbre?
*Alessandra:* No, ma sono molto raffreddata, ho il naso chiuso e anche un po' di mal di gola.
*Farmacista:* Allora le do uno sciroppo e delle compresse per il mal di gola. Lo sciroppo lo prenda tre volte al giorno prima dei pasti e le pastiglie una ogni due o tre ore.
*Alessandra:* Va bene.
*Farmacista:* Se fra due o tre giorni i disturbi persistono o se le viene la febbre, vada dal medico perché senza ricetta non posso darle qualcosa di più forte.
*Alessandra:* Sì. Ah... vorrei anche delle pastiglie per il mal di testa.
*Farmacista:* Vuole provare questo medicinale omeopatico a base di sostanze naturali? È veramente efficace.
*Alessandra:* Va bene, lo provo. Come lo devo prendere?
*Farmacista:* Sempre a stomaco pieno.
*Alessandra:* Un'ultima cosa, volevo una crema da sole.

# Lição 24 — Diálogo

*Farmacista:* Questa è una crema con fattore protettivo 6, ma forse per la Sua pelle chiara è meglio un fattore più alto, 10 o 12. Che cosa le do?
*Alessandra:* Prendo quella col fattore più alto perché mi scotto facilmente.
*Farmacista:* Va bene così?
*Alessandra:* Sì, è tutto grazie.
*Farmacista:* 28,30 euro.
*Alessandra:* Ecco a Lei. Arrivederci.
*Farmacista:* Arrivederci e grazie.

## Na farmácia

*Alessandra:* Olá.
*Farmacêutico:* Olá, o que deseja?
*Alessandra:* Eu queria alguma coisa para resfriado, por favor.
*Farmacêutico:* Você tem febre?
*Alessandra:* Não, mas estou muito resfriada; meu nariz está entupido e tenho um pouco de dor de garganta também.
*Farmacêutico:* Neste caso, vou lhe dar um xarope e algumas pastilhas para a garganta. Tome o xarope três vezes por dia antes das refeições e uma pastilha a cada duas ou três horas.
*Alessandra:* OK.
*Farmacêutico:* Se os sintomas persistirem depois de dois ou três dias e você tiver febre, vá ao médico porque eu não posso lhe vender nada mais forte sem a receita.
*Alessandra:* Sim, oh... Eu queria comprimidos para dor de cabeça também.
*Farmacêutico:* Quer experimentar essas cápsulas homeopáticas feitas à base de substâncias naturais? São muito eficazes.
*Alessandra:* Está bem, vou experimentar. Como devo tomá-las?
*Farmacêutico:* Sempre de estômago cheio.
*Alessandra:* Uma última coisa: eu gostaria de uma loção com bloqueador solar.
*Farmacêutico:* Esta tem fator de proteção 6, mas, para sua pele clara, talvez fosse melhor um mais forte, como 10 ou 12. Qual você vai querer?

Diálogo, gramática — Lição 24

*Alessandra:* Vou querer o mais forte, porque me queimo facilmente.
*Farmacêutico:* É só isso?
*Alessandra:* Sim, isso é tudo. Obrigada.
*Farmacêutico:* 28 euros e 30.
*Alessandra:* Aqui está. Tchau.
*Farmacêutico:* Até logo e obrigado.

### Pronomes demonstrativos

|  | singular | plural |
|---|---|---|
| masculino | **questo** libro | **questi** libri |
| feminino | **questa** macchina | **queste** macchine |

**Questo** é usado para pessoas e objetos que estão muito próximos. Antes de uma vogal, **questo** frequentemente leva o apóstrofo: *Quest'anno*.

|  | singular | plural |
|---|---|---|
| masculino | **quel** libro | **quei** libri |
|  | **quello** specchio | **quegli** specchi |
|  | **quell'**aereo | **quegli** aerei |
| feminino | **quella** macchina | **quelle** macchine |
|  | **quell'**arancia | **quelle** arance |

**Quello** é usado com pessoas ou objetos que estão distantes e é posicionado antes do substantivo, como o artigo definido. **Quello** também pode ser usado para evitar a repetição de um nome. *Qual è il tuo cappotto? Quello blu.*

Em comparações **questo** precede **quello**.
**Queste** *scarpe sono eleganti, ma* **quelle** *sono più comode*.

Lição 24 — Gramática

## O corpo

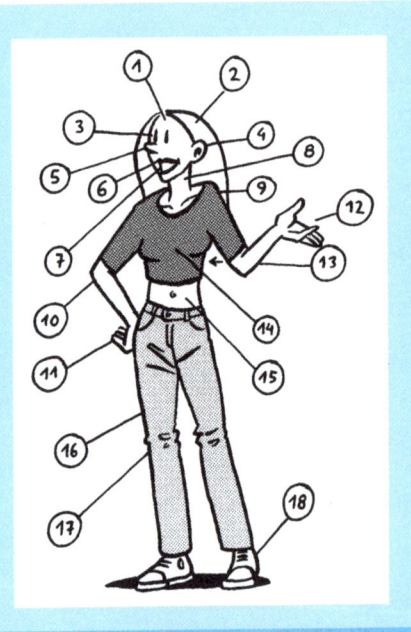

**Parti del corpo**

1. la testa
2. i capelli
3. l'occhio
4. l'orecchio
5. il naso
6. la bocca
7. il dente
8. il collo
9. la spalla
10. il braccio
11. la mano
12. il dito
13. la schiena
14. il petto
15. la pancia
16. la gamba
17. il ginocchio
18. il piede

Cuidado com os plurais irregulares de:

| | |
|---|---|
| il braccio m | le braccia f |
| il dito m | le dita f |
| l'orecchio m | le orecchie f |
| il ginocchio m | le ginocchia f |

Exercício — Lição 24

## Exercício 1

Siga o modelo e ofereça um conselho usando o modo imperativo.

Giovanni ha mal di schiena.

1. Vai da uno specialista. (andare da uno specialista)
2. ........................ (fare ginnastica)
3. ........................ (nuotare)
4. ........................ (fare un massaggio)

La signora De Rosa ha mal di testa.

1. Prenda un'aspirina. (prendere un'aspirina)
2. ........................ (andare a letto)
3. ........................ (mangiare qualcosa)
4. ........................ (andare dal medico)

Mariella ha il raffreddore.

1. ........................ (prendere un tè)
2. ........................ (mettersi a letto)
3. ........................ (non prendere freddo)

## Exercício 2

Preencha com *quel, quello, quell', quella, quei, quegli* ou *quelle.*

1. Guarda! Che bella ......... bicicletta verde!
2. ......... libri non sono miei.
3. Vorrei vedere .......... orologio.
4. Non mi piacciono le scarpe rosse, ma .......... nere.

Lição 24  Exercício

**5.** Vuoi davvero mangiare .......... spaghetti?

**6.** Per favore dammi .......... giornale.

**7.** Ti piace .......... specchio?

---

**Exercício 3**

Complete as sentenças usando as formas corretas de *questo* e *quello*.

**1. A**: Scusa, mi dai la giacca?

**B**: Quale?

**A**: ........ marrone.

**2. A**: Scusi, è libero ........ posto?

**B**: No, ........ è occupato, ma ........ là è libero.

**3. A**: Vorrei vedere le scarpe col tacco alto che sono in vetrina.

**B**: Quali? ........ blu o ........ nere?

**A**: ........ nere.

---

**Exercício 4**

Qual a palavra fora de contexto?

**1.** dentista – chirurgo – oculista – regista – ginecologo
............................................

**2.** discoteca – panetteria – macelleria – lavanderia – farmacia
............................................

**3.** mal di testa – fame – raffreddore – mal di denti – febbre
............................................

**4.** orecchio – naso – bocca – mano – occhio
............................................

**5.** gonna – giacca – vestito – pantaloni – scarpe
............................................

Exercício, vocabulário    Lição 24

**A conversação que segue acontece em uma farmácia.**
Você é o cliente.

**A:** Buongiorno signora, desidera?

**B:** Gostaria de algo para dor de cabeça.
............................................

**A:** Le posso dare queste gocce.

**B:** Quantas devo tomar?
............................................

**A:** Da venti a venticinque.

**B:** Obrigado.
............................................

**A:** Desidera altro?

**B:** Não, obrigado. Quanto custa?
............................................

**A:** 6 euro.

**B:** Até logo.
............................................

**A:** Arrivederci e grazie.

| | |
|---|---|
| **a base di** | à base de |
|   **aspirina** f |   aspirina |
| **bocca** f | boca |
| **braccio** m | braço |
| **chirurgo** m | cirurgião |
| **collo** m | pescoço |
| **contro** | contra, (*aqui:*) para |
| **crema da sole** f | protetor solar |
| **disturbi** m pl | sintomas, distúrbios |
| **dito** m | dedo |
| **efficace** | eficaz |
| **essere raffreddato** | estar resfriado |
| **facilmente** | facilmente |
| **farmacista** m/f | farmacêutico |
| **fattore protettivo** m | fator de proteção |
| **febbre** f | febre |
| **forte** | forte |
| **gamba** f | perna |
| **ginecologo** m | ginecologista |
| **ginnastica** f | ginástica |

Lição 24 — Vocabulário, país e cultura

|  |  |
|---|---|
| ginocchio *m* | joelho |
| goccia *f* | gota |
| in ogni caso | em todo caso |
| lavanderia *f* | lavanderia |
| mal di gola *m* | dor de garganta |
| male *m* | dor, mal |
| massaggio *m* | massagem |
| medicinale *m* | remédio |
| naso *m* | nariz |
| occhio *m* | olho |
| occupato | ocupado |
| oculista *m/f* | oftalmologista |
| ogni | todo, todos |
| omeopatico | homeopático |
| orecchio *m* | orelha |
| orologio *m* | relógio |
| pancia *f* | abdome, barriga |
| pastiglia *f* | pílula, comprimido |
| pasto *m* | refeição |
| persistere | durar, persistir |
| petto *m* | peito |
| prima | antes |
| raffreddore *m* | gripe, resfriado |
| schiena *f* | costas |
| sciroppo *m* | xarope |
| scottarsi | queimar-se |
| sostanza *f* | substância |
| spalla *f* | ombro |
| specialista *m/f* | especialista |
| stomaco *m* | estômago |
| tazza *f* | xícara |
| testa *f* | cabeça |
| vetrina *f* | vitrine |

## O sistema de saúde italiano

Todos os que vivem na Itália são cobertos pelo sistema nacional de saúde e a maioria dos médicos e clínicos gerais participa desse amplo programa nacional. Cidadãos de outros países da UE estão habilitados a receber tratamento médico gratuito também. Porém, pacientes à procura de conselhos médicos de especialistas ou que desejam algum tipo de tratamento especial têm de pagar por esses serviços.

# Il corso di ginnastica

*Valentina:* Ciao Alessandra, che cosa stai facendo?
*Alessandra:* Sto guardando gli annunci pubblicitari sul giornale. Vorrei fare un corso di ginnastica. Vuoi venire con me?
*Valentina:* Io? No, la ginnastica non mi interessa, anzi, la trovo noiosa, sempre in una palestra al chiuso. Mi dispiace ma non fa per me. Perché non vai con la tua amica Laura?
*Alessandra:* Sì, hai ragione, domani glielo chiedo. Ecco, guarda: "Fitness Club in linea" è qui vicino a casa nostra e sembra un posto carino. Lo conosci?
*Valentina:* Di persona no, ma la mia amica Giovanna ci va ed è molto contenta.
*Alessandra:* Stasera vado ad informarmi.

*Alessandra:* Buonasera.
*Segretaria:* Buonasera, posso aiutarla?
*Alessandra:* Spero di sì, vorrei fare un corso di ginnastica.
*Segretaria:* Ha già il nostro programma?
*Alessandra:* No, vengo proprio per avere informazioni.
*Segretaria:* Allora, questi sono i tipi di corsi che offriamo. Che cosa Le interessa?

Lição 25 — Diálogo

> *Alessandra:* Ho pensato a qualcosa di non troppo impegnativo ed ho tempo solo alla sera.
> *Segretaria:* Allora Le consiglio questo corso il martedì e il giovedì dalle 19h00 alle 20h00. Il corso comincia la settimana prossima.
> *Alessandra:* Va bene, e quanto costa?
> *Segretaria:* Costa 40 euro al mese.
> *Alessandra:* E che cosa devo portare?
> *Segretaria:* Una foto per la tessera, un asciugamano e delle normali scarpe da ginnastica.
> *Alessandra:* Benissimo, allora a martedì.
> *Segretaria:* Arrivederci e buona serata.

## Aulas de ginástica

*Valentina:* Olá, Alessandra, o que está fazendo?
*Alessandra:* Estou olhando os anúncios no jornal. Quero ter aulas de ginástica. Quer vir comigo?
*Valentina:* Eu? Oh, não, ginástica não me interessa, ao contrário, eu acho chato ficar fechada na academia o tempo todo. Sinto muito, mas não é para mim. Por que você não vai com sua amiga Laura?
*Alessandra:* Sim, você está certa, vou perguntar a ela amanhã. Aqui, veja! "Academia in linea", é perto da nossa casa e parece ser um bom local. Você conhece?
*Valentina:* Não, mas minha amiga Giovanna frequenta essa academia e parece satisfeita.
*Alessandra:* Irei lá hoje à noite para obter informações.

*Alessandra:* Boa noite.
*Secretária:* Boa noite, posso ajudá-la?
*Alessandra:* Espero que sim; eu gostaria de fazer aulas de ginástica.
*Secretária:* Você já tem nosso programa?
*Alessandra:* Não, eu vim aqui em busca de informações.
*Secretária:* Bem, essas são as modalidades que oferecemos. Em que você está interessada?
*Alessandra:* Eu pensei em algo não muito exigente, porque só tenho tempo à noite.

Diálogo, gramática   Lição 25

*Secretária:* Então eu recomendo o curso às terças e quintas-feiras das 19h às 20h. As aulas começam na semana que vem.
*Alessandra:* OK, e quanto custa?
*Secretária:* 40 euros por mês.
*Alessandra:* E o que eu tenho de trazer?
*Secretária:* Uma foto para a carteirinha, uma toalha e tênis comuns de ginástica.
*Alessandra:* Ótimo, te vejo na terça então.
*Secretária:* Tchau, e tenha uma boa semana.

### Pronomes pessoais

| sujeito | objeto direto | objeto indireto |
|---|---|---|
| **io** | **me** | **a me** |
| **tu** | **te** | **a te** |
| **lui** | **lui** | **a lui** |
| **lei** | **lei** | **a lei** |
| **Lei** | **Lei** | **a Lei** |
| **noi** | **noi** | **a noi** |
| **voi** | **voi** | **a voi** |
| **loro** | **loro** | **a loro** |
| | **sé** | **a sé** (reflexivo) |

No italiano, os pronomes que indicam o sujeito são frequentemente omitidos:
*Andiamo al mare.*

– Eles são muito usados sem o verbo (*Chi cucina?* **Io.**), ou quando o sujeito é enfatizado (**Io** *prendo la macchina e* **lui** *va in bicicletta*).

Os pronomes objeto são usados quando o objeto de uma sentença é enfatizado:
*Vi piace il caffè?* **A me** *no, ma* **a lei** *sì. / Cerca proprio* **te**.

– Eles são também usados depois de preposições:
*Vieni al corso di ginnastica* **con me**?
*Questi fiori sono* **per te**.

▶

**DUECENTOQUINDICI**

Lição 25 — Gramática, exercício

> Com algumas preposições, o **di** vem antes do pronome:
>
> **senza di noi** — sem a gente
> **sotto/sopra di loro** — abaixo/acima deles
> **prima/dopo di lui** — antes/depois dele
>
> O objeto é usado:
>
> – depois do **di** (que)    *Beppe è più alto **di me**.*
> – depois de **come/quando** (como)    *Guarda! Fai **come me**.*
> – em exclamações    *Povero te!*

## Exercício 1

Preencha com os pronomes apropriados e complete os diálogos.

me - lui - loro - noi - a voi - a te - a me - lei

1. **A:** Ho visto Silvia e Carlo stamattina.
   **B:** Vengono anche ……… a teatro?
   **A:** ……… sì, ……… no perché deve studiare.

2. **A:** Vi piace la nuova casa di Carla?
   **B:** A Vincenzo non piace perché è troppo moderna, ma ……… sì.

3. **A:** Chi prende un tè?
   **B:** ……, lo beviamo proprio volentieri.
   **A:** E ……… Elisabetta, che cosa posso fare, un caffè?
   **B:** Se lo fai solo per ……… no, grazie.

4. **A:** E ……… ha telefonato la mamma?
   **B:** Sì, ci ha telefonato ieri.

Exercício — Lição 25

**Preencha com *con, senza, a, per, da, sotto* e o pronome pessoal correto.**

1. Dovete assolutamente venire alla partita di calcio; ......... non andiamo.
2. Attenzione Alessandra, sabato veniamo tutti a cena ..........
3. E a Martina piace la pasta? No, ......... non piace.
4. Andate a Siena con Franco? No, non andiamo ........., andiamo da soli.
5. Laura, chi abita nell'appartamento .........?
6. Sono per i signori Belli questi libri? Sì, sono ......... .

**Você se lembra do adjetivo *buono*?**

Buon Natale! ......... serata!
......... Pasqua! ......... fortuna!
......... compleanno! ......... vacanze!
......... viaggio! ......... Anno!

**Selecione o esporte apropriado a cada definição**

sci – pallavolo – tennis – calcio – nuoto

1. Si gioca in due, con due racchette e una palla. ................
2. Si pratica d'inverno con la neve. ...............................
3. Si pratica al mare o in piscina. ................................
4. Si gioca con due squadre e una palla. .........................
5. È lo sport più popolare in Italia. ...............................

## Exercício 5

**Você quer iniciar um curso de italiano.**
Traduza!

**A:** Olá.

..........................................................

**B:** Buongiorno, posso aiutarla?

**A:** Eu gostaria de informações sobre as aulas.

..........................................................

**B:** Abbiamo dei corsi intensivi di due settimane, cinque ore al giorno e dei corsi di dieci settimane, due ore due volte alla settimana.

**A:** Infelizmente eu só posso (ter aulas) à noite.

..........................................................

**B:** Allora le consiglio un corso al lunedì e al mercoledì dalle 19h00 alle 22h00.

**A:** Quanto custa o curso?

..........................................................

**B:** 190 euro

**A:** E eu tenho de fazer um teste?

..........................................................

**B:** Sì, se vuole anche subito.

**A:** Não, eu voltarei na próxima semana.

..........................................................

Muito obrigado e até mais.

..........................................................

**B:** Arrivederci.

Vocabulário, país e cultura — Lição 25

| | | | |
|---|---|---|---|
| **annuncio pubblicitario** m | anúncio | **povero** | pobre |
| **anzi** | ao contrário | **praticare** | praticar (exercício) |
| **asciugamano** m | toalha | **programma** m | programa |
| **asilo nido** m | creche | **racchetta** f | (tênis) raquete |
| **carino** | bom, gentil | | |
| **consigliare** | aconselhar | **scarpa da ginnastica** f | tênis |
| **corso** m | curso | | |
| **impegnativo** | exigente | **sci** m | esqui |
| **informarsi** | informar-se | **scuola materna** f | jardim de infância |
| **intensivo** | intensivo | | |
| **interessare** | interessar | **scuola professionale** f | escola profissionalizante |
| **non fa per me** | não é para mim | | |
| **normale** | normal | **sopra** | sobre, acima |
| **nuoto** m | natação | **sotto** | abaixo, sob |
| **palestra** f | ginásio, academia | **squadra** f | time |
| **palla** f | bola | **tessera** f | carteirinha |
| **Pasqua** f | Páscoa | **test** m | teste |
| **piscina** f | piscina | **tipo** m | tipo |
| **popolare** | popular | | |

## O sistema escolar italiano

As crianças começam a estudar com 6 anos na **scuola elementare** (equivalente ao ensino fundamental). Mas a maioria já passou alguns anos no **asilo nido** (creche a partir dos 3 anos) e na subsequente **scuola materna** (jardim de infância). Depois de 5 anos na escola elementar, os alunos cursam mais 3 anos na **scuola media**. Aqueles que querem continuar os estudos podem então escolher entre o **liceo** (equivalente ao ensino médio) e a **scuola professionale,** orientada para a prática profissional. Ambas terminam com a **maturità**, que é a qualificação para o ingresso na universidade.

# Teste 5

**1** Escolha uma das duas respostas, depois vá para o quadro com o número de sua resposta.

**2** Laura è più alta ... Gianna.

di ⇨ 25
che ⇨ 15

**6** Certo! Continue:

Che tempo fa? ... bello

Fa ⇨ 9
È ⇨ 28

**7** Bom! Continue: Mentre ... la TV, è arrivata Anna.

ho guardato ⇨ 18
guardavo ⇨ 27

**11** Bom! Continue:

Marco, ... le medicine!

prenda ⇨ 26
prendi ⇨ 14

**12** Errado!

Volte para o número 19.

**16** Ótimo! Continue:

Senza biglietto non ... entrare a teatro.

si vuole ⇨ 5
si può ⇨ 19

**17** Errado!

Volte para o número 20.

**21** Errado!

Volte para o número 4.

**22** Certo! Continue:

... due giorni vanno in Sardegna.

Da ⇨ 3
Tra ⇨ 11

**26** Errado!

Volte para o número 11.

**27** Certo!

Fim do exercício!

# Teste 5

**3** Errado!
Volte para o número 22.

**4** Ótimo! Continue:
Questi vestiti sono ...
rosa ⇨ 16
rosi ⇨ 21

**5** Errado!
Volte para o número 16.

**8** Errado!
Volte para o número 29.

**9** Certo! Continue:
Vorrei ... giornali.
quegli ⇨ 30
quei ⇨ 20

**10** Errado!
Volte para o número 25.

**13** Errado!
Volte para o número 24.

**14** Ótimo! Continue:
In montagna ... passeggiate.
si fa ⇨ 23
si fanno ⇨ 4

**15** Errado!
Volte para o número 2.

**18** Errado!
Volte para o número 7.

**19** Muito bem! Continue:
Mi piace di più viaggiare in treno ... in aereo.
di ⇨ 12
che ⇨ 24

**20** Certo! Continue:
Da bambina ... sempre al mare.
andavo ⇨ 29
sono andata ⇨ 17

**23** Errado!
Volte para o número 14.

**24** Muito bem! Continue:
Parto senza ...
di voi ⇨ 6
voi ⇨ 13

**25** Bom! Continue:
... Compleanno!
Buon ⇨ 22
Buono ⇨ 10

**28** Errado!
Volte para o número 6.

**29** Bom! Continue:
Vado al mare ...
con ti ⇨ 8
con te ⇨ 7

**30** Errado!
Volte para o número 9.

DUECENTOVENTUNO

LIÇÃO

# 26 Un inconveniente

*Valentina:* Accidenti, che cos'ha oggi questa macchina?
Non vuol partire. Proprio adesso!
*Alessandra:* Potrebbe mancare la benzina. Hai controllato?
*Valentina:* Sì, sì, il serbatoio è pieno.
*Alessandra:* Allora potrebbe essere la batteria.
È accesa la spia?
*Valentina:* No, mi sembra tutto a posto.
*Alessandra:* Allora telefoniamo al soccorso stradale.
*Valentina:* Buona idea!
*Alessandra:* C'è una cabina telefonica là in fondo.
*Valentina:* Ci vado io, so il numero!

*Impiegato:* Pronto?
*Valentina:* Buongiorno, ho un guasto al motore,
potreste venire ad aiutarmi?
*Impiegato:* Come si chiama?
*Valentina:* Valentina Simoni.
*Impiegato:* Lei è socia ACI?
*Valentina:* Sì, penso di sì.
*Impiegato:* Dove si trova?
*Valentina:* Sono in via Larga, davanti al numero 28.
*Impiegato:* Le mandiamo subito un'auto. Attenda.

Diálogo — Lição 26

>Dopo pochi minuti:
>*Alessandra:* Che velocità!!
>*Meccanico:* Dunque, signorina, qual è il problema?
>*Valentina:* Ma, non so, la macchina non parte.
>*Meccanico:* Mi faccia dare un'occhiata. Dunque... ah ah! Ma qui non c'è niente di rotto.
>*Valentina:* Meno male! Ma allora perché non parte?
>*Meccanico:* Ha dimenticato di disinserire l'antifurto, ecco perché non partiva!
>*Valentina:* Oh, che sciocca! Grazie mille, Lei è davvero un angelo.

## Um inconveniente

*Valentina:* Praga! O que há de errado com este carro hoje? Não quer dar partida. E justo agora!
*Alessandra:* Talvez esteja sem gasolina. Você verificou?
*Valentina:* Sim, sim, o tanque está cheio.
*Alessandra:* Pode ser a bateria, então. A luz da bateria está acesa?
*Valentina:* Não, tudo parece estar OK.
*Alessandra:* Bem, vamos chamar o serviço de assistência rodoviária.
*Valentina:* Boa ideia.
*Alessandra:* Há um telefone lá adiante.
*Valentina:* Eu vou; eu sei o número.

*Empregado:* Alô?
*Valentina:* Bom dia, há um defeito no motor. Você pode me ajudar?
*Empregado:* Qual é o seu nome?
*Valentina:* Valentina Simoni.
*Empregado:* Você é membro do Automóvel Clube da Itália?
*Valentina:* Sim, acho que sim.
*Empregado:* Onde você está?
*Valentina:* Estou na Via Larga, em frente ao número 28.
*Empregado:* Mandaremos um carro já. Espere aí.

Depois de alguns minutos:
*Alessandra:* Que rapidez!!
*Mecânico:* Então, senhorita, qual é o problema?

*Valentina:* Não sei; o carro não dá partida.
*Mecânico:* Deixe-me ver. Bem... ah ah! Não há nada quebrado aqui.
*Valentina:* Menos mal! Mas por que não dá a partida então?
*Mecânico:* Você se esqueceu de desligar o mecanismo antifurto, por isso não liga!
*Valentina:* Ah, que estúpida! Muitíssimo obrigada, o senhor é um anjo.

### Futuro do pretérito

O futuro do pretérito é usado para expressar:

– um desejo
(**Vorrei** un gelato alla fragola.)

– um pedido educado
(**Potrebbe** chiudere la finestra?)

– uma ação possível, mas não totalmente certa
(**Verrei** a Parigi con te, ma ho molto lavoro.)

|  | guard**are** | legg**ere** |
|---|---|---|
| io | guard**erei** | legg**erei** |
| tu | guard**eresti** | legg**eresti** |
| lui, lei, Lei | guard**erebbe** | legg**erebbe** |
| noi | guard**eremmo** | legg**eremmo** |
| voi | guard**ereste** | legg**ereste** |
| loro | guard**erebbero** | legg**erebbero** |

|  | dorm**ire** | essere |
|---|---|---|
| io | dorm**irei** | **sarei** |
| tu | dorm**iresti** | **saresti** |
| lui, lei, Lei | dorm**irebbe** | **sarebbe** |
| noi | dorm**iremmo** | **saremmo** |
| voi | dorm**ireste** | **sareste** |
| loro | dorm**irebbero** | **sarebbero** |

Gramática, exercício — Lição 26

### Formas irregulares:

| | | | | |
|---|---|---|---|---|
| andare | → **andrei** | | dire | → **direi** |
| avere | → **avrei** | | fare | → **farei** |
| dovere | → **dovrei** | | stare | → **starei** |
| potere | → **potrei** | | bere | → **berrei** |
| vedere | → **vedrei** | | venire | → **verrei** |
| sapere | → **saprei** | | volere | → **vorrei** |
| dare | → **darei** | | rimanere | → **rimarrei** |

### Ci

**Ci** poderia ser traduzido como **lá**, substituindo um local já citado:

*Quando vai **a Firenze**? **Ci** vado domani.*
*Sei già stato **in Francia**? Sì, **ci** sono già stato tre volte.*

### credo di sì – credo di no

Para confirmar ou negar algo utilizando os verbos *pensare, credere, dire* ou *sperare*, a preposição **di** é usada:

– *Sandro torna oggi?* **Penso di no.**
 (Sandro volta hoje? Acho que não.)
– *Paolo ha comprato il pane?* **Spero di sì.**
 (Paulo comprou pão? Espero que sim.)

## Forme o futuro do pretérito dos verbos como mostrado no exemplo.

**Exercício 1**

"Un sabato ideale": Che cosa fareste? – Diverse opinioni.

**1.** Nonna Carlotta: Io mi ......... (alzare) presto e ......... (andare) subito a fare la spesa con Piera. Poi ......... (pulire) un po' la casa e ......... (iniziare) a cucinare un buon pranzo per tutta la famiglia. Al pomeriggio ......... (fare) una passeggiata nel parco con le mie amiche e poi ......... (andare) al cinema. ▶

Lição 26 — Exercício

**2.** Piera: ......... (restare) in casa tutto il giorno, ................ (guardare) la televisione, ......... (leggere) un po' il giornale o un buon libro. ......... (fare) un bel bagno rilassante e .............. (andare) dal parrucchiere. Non ........ (cucinare) niente, però alla sera ...... (volere) andare al ristorante.

**3.** Valentina e Stefano: Noi invece ....... (dormire) fino alle 11h00, poi ......... (fare) colazione a letto. Al pomeriggio ......... (andare) in centro o ci ......... (incontrare) con i nostri amici, oppure ......... (giocare) a tennis. La sera ......... (andare) a ballare in discoteca, al "Campo verde".

## Exercício 2

### Se você ganhasse na loteria, o que faria?

|  | tu | Alessandra | Piera e Luigi |
|---|---|---|---|
| fare un lungo viaggio | X | X | X |
| smettere di lavorare | X |  | X |
| comprare una casa | X | X | X |
| andare a vivere in America | X | X |  |
| aiutare i bambini poveri | X | X | X |

# Exercício — Lição 26

**Expresse-se polidamente: reescreva as sentenças usando o futuro do pretérito dos verbos sublinhados.**

*Exercício 3*

1. Scusi, <u>può</u> aprire la finestra?

   ...........................................

2. Le <u>dispiace</u> passarmi il sale?

   ...........................................

3. <u>Voglio</u> due etti di prosciutto.

   ...........................................

4. Scusa, mi <u>sai</u> dire l'ora?

   ...........................................

5. Mi <u>potete</u> aiutare?

   ...........................................

6. Per favore, ci <u>porta</u> in camera questa valigia?

   ...........................................

7. <u>Può</u> dirgli di richiamarmi?

   ...........................................

**Reposicione os locais citados nos diálogos com *ci*.**

*Exercício 4*

**A:** Ho deciso: domenica andiamo a Firenze.

...........................................

**B:** Ma non siete stati a Firenze un mese fa?

...........................................

**A:** Sì, siamo stati a Firenze per lavoro.

...........................................

**B:** E perché domenica volete ritornare a Firenze?

...........................................

**A:** Perché Firenze è una città molto interessante.

...........................................

▶

**B:** Noi invece andiamo a Como. Perché non venite anche voi?

..........................................

**A:** Non ho voglia, sono stata a Como anche domenica scorsa.

..........................................

**B:** Ah sì? E con chi sei andata a Como?

..........................................

**A:** Sono andata a Como con dei colleghi.

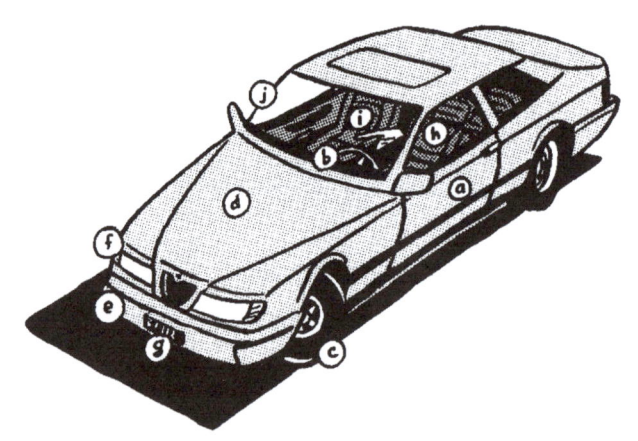

..........................................

As partes de um carro

**a** la portiera

**b** il volante

**c** il pneumatico

**d** il cofano

**e** il paraurti

**f** i fari

**g** la targa

**h** il sedile

**i** il freno a mano

**j** il parabrezza

Exercício, vocabulário — Lição 26

**Quais as partes que se completam?**

1. Il pieno,
2. Mi può cambiare
3. Può controllare la pressione
4. Il faro destro
5. Potrebbe aprire
6. Mi potrebbe pulire

a dei pneumatici?
b per favore.
c il parabrezza, per favore?
d il cofano per favore?
e l'olio, per favore?
f non funziona.

*Exercício 5*

---

**Vocabulário**

| | |
|---|---|
| a posto | em ordem, OK |
| accendere | acender |
| accidenti! | Droga! |
| ACI | Automóvel Clube da Itália |
| angelo *m* | anjo |
| antifurto *m* | dispositivo antifurto |
| batteria *f* | bateria |
| cabina telefonica *f* | cabine telefônica |
| campo *m* | campo |
| ci | lá |
| cofano *m* | capô, porta-malas |
| dare un'occhiata | dar uma olhadinha |
| disinserire | desligar |
| diverso | diferente |
| faro *m* | farol |
| freno *m* | freio, breque |
| freno a mano *m* | freio de mão |
| funzionare | funcionar |
| guasto *m* | quebrado |
| ideale | ideal |
| incontrarsi | encontrar-se |
| inconveniente *m* | inconveniente |
| invece | em vez de, por outro lado |
| meno male | menos mal |
| minuto *m* | minuto |
| motore *m* | motor |
| occhiata *f* | olhada |
| opinione *f* | opinião |
| oppure | ou |
| parabrezza *m* | para-brisa |
| paraurti *m* | para-choque |
| parrucchiere *m* | cabeleireiro |
| pneumatico *m* | pneu |
| polizia *f* | polícia |
| portiera *f* | porta (de carro) |
| pressione *f* | pressão |
| rilassante | relaxante |
| sciocco | estúpido |
| sedile *m* | assento |

Lição 26  Vocabulário, país e cultura

| | | | |
|---|---|---|---|
| serbatoio *m* | tanque | spia *f* | luz de controle |
| soccorso stradale *m* | serviço de assistência rodoviária | targa *f* | placa |
| | | velocità *f* | velocidade |
| | | vigile del fuoco *m* | bombeiro |
| socio *m* | sócio | | |
| soldi *m pl* | dinheiro | volante *m* | volante, direção |

### Serviços de emergência

Os italianos são geralmente muito prestativos. Em caso de emergência ou qualquer outro problema, vizinhos, amigos ou mesmo transeuntes vão oferecer ajuda espontaneamente.

Em caso de emergência, ligue:

113 (***Soccorso pubblico di emergenza/Polizia***)

112 (***Carabinieri***)

115 Brigada de incêndio (***Vigili del Fuoco***)

116 Automóvel Clube da Itália (***Automobile Club d'Italia***)

# Lezione di cucina

**27**

*Alessandra:* Signora Simoni, se vuole l'aiuto ad apparecchiare la tavola.
*Piera:* Grazie, Alessandra. Le posate sono nel primo cassetto a destra, i piatti e i bicchieri sono già sul tavolo. Se vuoi, però, possiamo cucinare qualcosa insieme.
*Alessandra:* Oh, mi farebbe molto piacere! Io in cucina sono una frana!
*Piera:* Oggi voglio preparare un dolce molto semplice ma squisito: la panna cotta. L'hai già provata?
*Alessandra:* No, penso di no. Che tipo di dolce è?
*Piera:* È un budino alla panna. Dunque, ci vogliono mezzo litro di latte e mezzo litro di panna, un etto di zucchero, una bustina di vanillina e dodici grammi di colla di pesce.
*Alessandra:* Colla di pesce? E come si usa?

> | | |
> |---|---|
> | *Piera:* | Bisogna metterla in acqua fredda per ammorbidirla e poi unirla al latte caldo. |
> | *Alessandra:* | Ecco qui il latte e la panna. |
> | *Piera:* | Bene, mettili in una pentola con lo zucchero e la vanillina. |
> | *Alessandra:* | Devo scaldarli? |
> | *Piera:* | Sì, e poi bisogna aggiungere la colla di pesce. Ma sta' attenta: non deve bollire. |
> | *Alessandra:* | Quando devo spegnere il fuoco? |
> | *Piera:* | Quando il latte sta per bollire... Ecco, adesso! Ora deve raffreddare e poi bisogna metterlo in frigorifero per almeno sei ore. |
> | *Alessandra:* | Già pronto? |
> | *Piera:* | Sì, già pronto! |
> | *Alessandra:* | Ma allora non è poi così difficile cucinare! |

## Uma aula de culinária

| | |
|---|---|
| *Alessandra:* | Sra. Simoni, se a senhora quiser, eu posso ajudá-la a pôr a mesa. |
| *Piera:* | Obrigada, Alessandra. Os talheres estão na primeira gaveta, à direita; os pratos e copos já estão na mesa. Se você quiser, podemos cozinhar alguma coisa juntas. |
| *Alessandra:* | Oh, eu gostaria muito. Sou um desastre na cozinha! |
| *Piera:* | Quero fazer uma sobremesa muito simples mas deliciosa hoje: pudim de nata. Já provou? |
| *Alessandra:* | Não, acho que não. Que tipo de sobremesa é? |
| *Piera:* | É um pudim cremoso. Você precisa de meio litro de leite, meio litro de creme de leite, cem gramas de açúcar, um envelopinho de baunilha e doze gramas de gelatina em folhas. |
| *Alessandra:* | Gelatina em folhas? Como se usa? |
| *Piera:* | Tem de colocá-la de molho na água fria para amolecer e então adicioná-la ao leite quente. |
| *Alessandra:* | Aqui estão o leite e o creme de leite. |
| *Piera:* | Bom, coloque-os dentro da panela com o açúcar e a baunilha. |
| *Alessandra:* | Tenho de aquecê-los? |

Diálogo, gramática — Lição 27

| | |
|---|---|
| *Piera:* | Sim, e depois adicionar a gelatina, mas atenção: não pode deixar ferver. |
| *Alessandra:* | Quando devo desligar o fogo? |
| *Piera:* | Quando o leite começar a ferver... Isso, já! Agora tem de deixar esfriar, e depois você tem de manter a mistura na geladeira por pelo menos seis horas. |
| *Alessandra:* | Só isso? |
| *Piera:* | Sim, só isso! |
| *Alessandra:* | Bem, cozinhar não é tão difícil assim! |

### *Se você precisa de alguma coisa*

Há duas maneiras de dizer "**você precisa**" em italiano:
*ci vuole* ou ***occorre*** + substantivo no singular
*ci vogliono* ou ***occorrono*** + substantivo no plural

— ***Ci vuole*** *un chilo di zucchero.*/***Occorre*** *un chilo di zucchero.* (Você precisa de um quilo de açúcar.)
— ***Ci vogliono*** *due litri di latte.*/***Occorrono*** *due litri di latte.* (Você precisa de dois litros de leite.)

***Bisogna*** expressa a necessidade de uma ação. É usado de forma impessoal e acompanha um verbo no infinitivo, ou uma oração relativa (***bisogna che...***):
— ***Bisogna*** *avere pazienza.* (Você precisa/tem que ser paciente.)
— ***Bisogna*** *fare sport.* (Você precisa/tem de praticar esportes.)

O sentido muda quando se usam as expressões:
***aver bisogno di*** = precisar de
— ***Ho bisogno di*** *te.* (Preciso de você.)
— ***Abbiamo bisogno di*** *riposo.* (Precisamos descansar.)
— *Marco* ***ha bisogno di*** *cambiare aria.* (Marco precisa mudar de ares.)

Lição 27 — Gramática, exercício

> **Preposições que definem localização**
>
> | | | | |
> |---|---|---|---|
> | **dietro** | (atrás de) | **di fianco a** | (próximo a) |
> | **sopra** | (sobre) | **dentro** | (dentro) |
> | **sotto** | (sob) | | |

> **stare per + infinitivo**
>
> Esta construção expressa uma ação que alguém está por começar:
>
> **Sto per** uscire. (Estou saindo; Estou saindo dentro de poucos minutos.)
>
> **Sta per** piovere. (Vai chover logo.)

**Exercício 1**

O que você precisa para pôr a mesa para seis pessoas? Preencha com a forma correta: *ci vuole/occorre* ou *ci vogliono/occorrono*.

1. una tovaglia ....................
2. sei piatti ....................
3. sei bicchieri ....................
4. una bottiglia di vino ....................
5. una candela ....................
6. sei forchette ....................
7. sei coltelli ....................
8. sei cucchiai ....................

**Exercício 2**

Preencha com: *Ci vuole/occorre – ci vogliono/occorrono – bisogna – aver bisogno di.*

1. .......... un chilo di carne.
2. .......... cinque cipolle e tre peperoni.
3. .......... tagliare la carne.
4. Per tagliare bene la carne il cuoco .......... di un buon coltello.

Exercício  Lição 27

**5.** Poi (lui) .......... una padella molto larga.

**6.** .......... cuocere la carne per un'ora e mezza.

**7.** .......... aggiungere sale e pepe.

Alessandra gosta de cozinhar, mas deixa uma bagunça terrível. Ela usou muitas colheres e agora não consegue mais encontrá-las. Você pode ajudá-la?

Un cucchiaio è ..............................
..............................................
..............................................
..............................................
..............................................
..............................................
..............................................

*Exercício 3*

Lição 27 — Exercício

## Exercício 4

**Sempre que necessário, insira a preposição *a*, com ou sem o artigo.**

1. Davanti ..... chiesa c'è il supermercato.
2. Tra ..... Nico e ..... Gina c'è Pia.
3. Di fianco ..... me c'è la mamma.
4. Simone è sempre vicino ..... mamma.
5. Di fronte ..... supermercato c'è Nina.

## Exercício 5

**Quem está sentado onde?**

1. Alessandra è seduta tra Stefano e Valentina.
2. La nonna è seduta davanti a Valentina.
3. La mamma è seduta davanti a Stefano.
4. La mamma è seduta a destra del papà.

Assentos:

| A | C | E |
|---|---|---|
| B | D | F |

Você pode dizer quem senta onde agora?

A = ..........     D = ..........

B = ..........     E = ..........

C = Alessandra   F = ..........

## Exercício 6

**Alessandra tenta preparar uma *panna cotta* sozinha, mas cometeu vários erros.** Você pode ajudá-la de novo?

1. Ci vogliono mezzo litro di latte e mezzo litro di panna, un chilo di zucchero, 12 grammi di colla di pesce e una bustina di vanillina.
2. Bisogna ammorbidire la colla di pesce in acqua calda.
3. Bisogna bollire il latte e la panna.
4. Poi bisogna aggiungere lo zucchero, la vanillina e la colla di pesce.
5. Alla fine bisogna mettere tutto in forno per sei ore.

Exercício, vocabulário — Lição 27

**Arrume as horas do dia, os dias da semana, meses e estações na ordem correta.**

*Exercício 7*

| maggio | martedì | mattina | gennaio | luglio | sera |
| estate | ottobre | sabato | marzo | dicembre | inverno |
| aprile | giovedì | settembre | lunedì | notte | pomeriggio |
| novembre | venerdì | autunno | febbraio | agosto | domenica |
| giugno | primavera | mercoledì | | | |

Le parti del giorno.

............... ............... ............... ...............

I giorni della settimana.

............... ............... ............... ...............

............... ............... ...............

I mesi.

............... ............... ............... ...............

............... ............... ............... ...............

............... ............... ............... ...............

Le stagioni.

............... ............... ............... ...............

---

*Vocabulário*

| | | | |
|---|---|---|---|
| **aggiungere** | adicionar | **cassetto** *m* | gaveta |
| **ammorbidire** | amolecer | **ci vuole/** | você precisa |
| **apparecchiare** | aparelhar | ci vogliono | |
| **aria** *f* | ar | **cipolla** *f* | cebola |
| **attento** | atenção | **colla di pesce** *f* | gelatina em |
| **bisogna** | precisa | | folhas |
| **bollire** | ferver | **coltello** *m* | faca |
| **budino** *m* | pudim | **cotto** | cozido |
| **bustina** *f* | envelope | **cucchiaio** *m* | colher |
| **candela** *f* | vela | **cuocere** | cozinhar |

DUECENTOTRENTASETTE   **237**

| | | | |
|---|---|---|---|
| **dentro** | dentro | **posata** f | talher |
| **di fianco a** | perto de | **raffreddare** | esfriar |
| **far piacere** | gostar | **riposo** m | descanso |
| **forchetta** f | garfo | **scaldare** | aquecer |
| **frana** f | desastre, catástrofe | **scontrino fiscale** m | recibo fiscal |
| **fuoco** m | fogo | **semplice** | simples |
| **gelatina** f | gelatina | **tovaglia** f | toalha de mesa |
| **grammo** m | grama | | |
| **padella** f | frigideira | **unire** | unir, adicionar |
| **pentola** f | panela | **usare** | usar |
| **peperone** m | pimentão | **vanillina** f | baunilha |

## Notas fiscais

A legislação tributária italiana requer que todas as lojas e estabelecimentos (supermercados, pequenas lojas, cabeleireiros, restaurantes, etc.) emitam recibos fiscais (**scontrino fiscale**) no ato do pagamento pelo cliente.

Não se esqueça de levar o recibo fiscal com você quando deixar o local onde fez compras ou pagou por algum serviço ou mercadoria. As autoridades tributárias fazem vistorias regulares e qualquer cliente pego sem o recibo fiscal pode ser multado.

## Un invito

*Piera:* Se vuoi, Alessandra, una sera puoi invitare qualche amico a cena da noi.
*Alessandra:* Ma no, non è necessario, non vorrei disturbarvi.
*Piera:* Ma figurati! Nessun disturbo, anzi! Mi farebbe molto piacere conoscere qualcuno dei tuoi amici. C'è qualcuno di speciale?
*Alessandra:* Speciale? No, no, sono tutti simpatici.
*Piera:* Dai, Alessandra, non fare la timida. C'è qualcuno che ti viene spesso a trovare.
*Alessandra:* Intende dire Marco?
*Piera:* Sì, proprio lui!
*Alessandra:* Mah... sì, potremmo invitarlo una sera...
*Piera:* Benissimo, telefonagli subito, così organizziamo qualcosa per la prossima settimana.

*Alessandra:* Pronto, Marco?
*Marco:* Pronto, chi parla?

Lição 28            Diálogo

| | |
|---|---|
| *Alessandra:* | Sono Alessandra. Ti telefono per chiederti se hai voglia di venire a cena da noi, una sera della prossima settimana. |
| *Marco:* | Volentieri, perché no? Quando vi andrebbe bene? |
| *Alessandra:* | Non so, venerdì forse? |
| *Marco:* | Mi dispiace, venerdì non posso. Lo sai, tutti i venerdì vado a giocare a calcio con mio fratello. |
| *Alessandra:* | Ah sì, allora facciamo sabato, va bene? |
| *Marco:* | Purtroppo sabato prossimo ho già un impegno, mi dispiace Alessandra, ma non posso proprio rimandare. Ma domenica sono libero tutto il giorno. |
| *Alessandra:* | OK, allora domenica sera. Alle otto va bene? |
| *Marco:* | Benissimo, e grazie per l'invito. |

## Um convite

| | |
|---|---|
| *Piera:* | Alessandra, se quiser pode convidar algum amigo seu para vir jantar qualquer noite dessas. |
| *Alessandra:* | Mas isso não é necessário, eu não quero lhe dar trabalho. |
| *Piera:* | Oh, por favor! Não é incômodo nenhum! Gostaria muito de conhecer algum de seus amigos. Há alguém especial? |
| *Alessandra:* | Especial? Não, não, todos eles são simpáticos. |
| *Piera:* | Vamos lá, Alessandra, não seja tão tímida. Há alguém que a visita com frequência. |
| *Alessandra:* | A Sra. está falando do Marco? |
| *Piera:* | Sim, ele mesmo. |
| *Alessandra:* | Bem... sim, podíamos convidá-lo uma noite... |
| *Piera:* | Ótimo! Ligue para ele já e vamos combinar alguma coisa para a semana que vem. |
| *Alessandra:* | Alô, Marco? |
| *Marco:* | Alô, quem está falando? |

Diálogo, gramática                                                      Lição 28

*Alessandra:*   Sou eu, Alessandra. Estou ligando para perguntar se você gostaria de vir jantar aqui em casa uma noite, na semana que vem.
*Marco:*        Claro, por que não? Quando seria melhor?
*Alessandra:*   Não sei, talvez na sexta?
*Marco:*        Me desculpe, eu não posso na sexta. Você sabe, toda sexta eu jogo futebol com meu irmão.
*Alessandra:*   Ah, é, vamos fazer no sábado então, OK?
*Marco:*        Infelizmente eu já tenho um compromisso no próximo sábado. Desculpe, Alessandra, não posso adiá-lo, mas estou livre no domingo o dia todo.
*Alessandra:*   OK, domingo à noite, então. Oito horas está OK?
*Marco:*        Ótimo, e obrigado pelo convite.

---

**qualche, qualcuno, qualcosa**

**qualche** = uns/umas/alguns/algumas

– *Ho comprato **qualche** CD per Paolo.*
  (Comprei alguns CDs para Paolo.)

Ainda que o termo *qualche* indique plural, o substantivo ao qual ele se refere aparece sempre no singular.

**qualcuno** = alguém

– ***Qualcuno** ha suonato alla porta.*
  (Alguém tocou a campainha.)

– ***Qualcuno** di voi sa suonare la chitarra?*
  (Alguém de vocês sabe tocar violão?)

**qualcosa** = alguma coisa/algo

– *Ho comprato **qualcosa** per te.*
  (Comprei algo para você.)
– *C'è **qualcosa** di nuovo?* (Há alguma coisa nova?)
– *C'è **qualcosa** da fare?* (Há alguma coisa a fazer?)

Quando seguido por um adjetivo, leva a preposição *di*.
Quando seguido por um infinitivo, leva a preposição *da*.

## Lição 28 — Gramática

### nessuno, niente/nulla

**nessuno** = ninguém/nenhum
– *Non conosco **nessuno**.* (Não conheço ninguém.)
– *Non ho comprato **nessun** libro.* (Não comprei nenhum livro.)

Se *nessuno* precede um substantivo, sua terminação muda como acontece com o artigo indefinido *uno* (*nessuna ragazza, nessun ragazzo, nessuno specchio*).

**niente/nulla** = nada
– *Non ho comprato **niente (nulla)** per te.*
 (Não comprei nada para você.)
– *Non c'è **niente** di nuovo.* (Não há nada de novo.)
– *Non c'è **niente** da fare.* (Não há nada a fazer.)

Como acontece com *qualcosa*, quando seguido por um adjetivo, *niente* leva a preposição *di* e, com o infinitivo, *da*.

Não esqueça as regras da dupla negativa (Lição 19).

### ognuno, ogni

**ognuno** = todo/cada
– ***Ognuno** pensa per sé.*
 (Cada um pensa por si.)
– ***Ognuno** di voi deve parlare con il direttore.*
 (Cada um de vocês deve falar com o diretor.)

**ogni** = todo/cada (+ *substantivo*)
– ***Ogni** bambina aveva un fiore nei capelli.*
 (Cada menina tinha uma flor no cabelo.)
– ***Ogni** venerdì Marco gioca a tennis.*
 (Toda sexta-feira Marco joga tênis.)
– ***Ogni** volta che lo vedo, è felice.*
 (Toda vez que o vejo, está feliz.)

Gramática                                                                 Lição 28

> **tutto**
>
> **tutto/tutta** = cheio/completo/inteiro/todo/todos/tudo
>
> – *Ho visto **tutto** il film.* (Vi o filme inteiro.)
>
> **tutti/tutte** = todos
>
> – ***Tutti** i miei amici sono in vacanza.*
>   (Todos os meus amigos estão em férias.)
>
> – *Vanno **tutti e tre** al mare.* (Todos os três vão à praia.)
>
> Nos casos em que *tutto* é relativo a um substantivo, este é geralmente acompanhado por um artigo definido.
>
> Nos casos em que a expressão é relativa a um número, é acompanhada por **e** (*tutti/tutte **e** cinque* = todos/todos os cinco).

*Como você se sente hoje?*

Assinale os adjetivos que definem seu atual estado de humor.

| *Substantivo:* | *Adjetivo:* |
|---|---|
| **depressione** | ❏ **depresso** |
| **disperazione** | ❏ **disperato** |
| **emozione** | ❏ **emozionato** |
| **euforia** | ❏ **euforico** |
| **felicità** | ❏ **felice** |
| **imbarazzo** | ❏ **imbarazzato** |
| **malinconia** | ❏ **malinconico** |
| **rabbia** | ❏ **arrabbiato** |
| **serenità** | ❏ **sereno** |
| **soddisfazione** | ❏ **soddisfatto** |
| **tristezza** | ❏ **triste** |

## Lição 28 — Exercício

### Exercício 1

**Complete as frases com as palavras fornecidas.**

qualche – qualcosa – tutto – tutti – tutte – ogni – nessuno – niente.

1. ..... le mattine vado al bar a bere un caffè.
2. Luigi va allo stadio ..... domenica.
3. Non parla mai con ..... .
4. Ieri sono stato ..... il giorno in casa.
5. Viene qui ..... i giorni ma non compra mai ..... .
6. ..... volta vado in ufficio in bicicletta.
7. Mi porti ..... da bere?

### Exercício 2

***Di* ou *da*? Onde necessário, preencha com a preposição apropriada.**

1. Non ha mai niente ..... dire.
2. Stasera c'è qualcosa ..... interessante alla televisione.
3. Non ho niente ..... nuovo ..... raccontare.
4. Marina arriva sempre con qualche ..... amico.
5. Nessuno ..... voi mi può aiutare.
6. Piera sta preparando qualcosa ..... buono ..... mangiare.

### Exercício 3

**Preencha com a forma correta de *tutto*: com ou sem o artigo e com ou sem a conjunção *e*.**

1. La nonna ha pulito ..... casa.
2. Sono andate ..... cinque in vacanza a Otranto.
3. Mio fratello ha visitato ..... mondo.
4. Ha mangiato ..... spaghetti.

Exercício                                   Lição 28

**5.** Ieri ho cucinato ..... giorno.

**6.** Sono andati via ..... due.

## Exercício 4

Escreva as sentenças a seguir na forma negativa.

1. Ieri è arrivato qualcuno dalla Spagna. ....................
2. Vorrei comprare qualcosa da mangiare. ................
3. Tutti i miei amici sanno parlare inglese. ................
4. Ho letto qualche libro di Moravia. ..........................
5. Mi piacerebbe andare in vacanza con qualcuno di voi. ............
6. Ha qualche problema con suo marito. ....................

## Exercício 5

Que partes se completam para formar uma sentença?

1. Hai voglia di venire    **a** un altro impegno.
2. Sì, mi farebbe    **b** sabato?
3. Hai tempo    **c** a cena da noi?
4. No, mi    **d** molto piacere.
5. Sabato ho già    **e** dispiace.

## Exercício 6

Usando "Lei", o modo formal para se dirigir a alguém, reescreva o diálogo entre duas interlocutoras: Sra. Bertoli e Sra. Gavoni.

**A:** Pronto?

**B:** Ciao Marcella, sono Cristina. Come stai?

**A:** Bene, grazie e tu?

**B:** Bene. Ti telefono perché vorremmo invitarti una sera a cena da noi.

**A:** Volentieri, quando?

**B:** Quando hai una serata libera?

**A:** Dunque, al martedì vado ad un corso d'inglese, ma le altre sere sono libera.

**B:** Ti andrebbe bene venerdì?

## Lição 28 — Vocabulário, país e cultura

**A:** Sì, benissimo, a che ora?
**B:** Alle 8:00?
**A:** Benissimo, a venerdì, allora.
**B:** Sì, a venerdì! Ciao.

### Vocabulário

|  |  |
|---|---|
| **dai!** | vamos lá! |
| **depressione** f | depressão |
| **depresso** | deprimido |
| **disperato** | desesperado |
| **disperazione** f | desespero |
| **disturbare** | incomodar |
| **disturbo** m | incômodo |
| **emozionato** | emocionado |
| **emozione** f | emoção |
| **euforia** f | euforia |
| **euforico** | eufórico |
| **felicità** f | felicidade |
| **felice** | feliz |
| **imbarazzato** | constrangido, sem graça |
| **imbarazzo** m | embaraço |
| **impegno** m | encontro |
| **intendere** | pretender |
| **Ma figurati!** | Imagine! Que é isso! |
| **malinconia** f | melancolia |
| **malinconico** | melancólico |
| **ognuno** | todo, cada |
| **organizzare** | organizar |
| **qualcuno** | alguém |
| **rabbia** f | raiva |
| **rimandare** | adiar |
| **serenità** f | serenidade, harmonia |
| **sereno** | calmo, sereno |
| **soddisfatto** | satisfeito |
| **soddisfazione** f | satisfação, contentamento |
| **stadio** m | estádio |
| **timido** | tímido |
| **triste** | triste |
| **tristezza** f | tristeza |

### Convites

Os italianos com frequência convidam para jantar. Espera-se que o convidado chegue uns dez minutos depois do horário combinado. Um presente é bem-vindo e esperado: flores são sempre uma boa opção, mas você deve mantê-las embaladas. Como alternativa, você pode levar doces ou algo tradicional de seu país natal. Os italianos são geralmente generosos com presentes.

## Valentina si sposa

*Valentina:* Oh Alessandra, sono così emozionata!
*Alessandra:* Perché? Che cosa è successo, Valentina?
*Valentina:* Io e Paolo ci sposeremo.
*Alessandra:* Vi sposerete? Quando?
*Valentina:* L'anno prossimo, a maggio! Daremo un grande ricevimento. Vogliamo affittare una villa sul lago. Abbiamo già fatto la lista degli invitati: ci saranno circa novanta persone. Naturalmente inviteremo anche te e la tua famiglia.

*Alessandra:* Che bello! Verremo sicuramente! E i tuoi genitori cosa dicono?
*Valentina:* La mamma è felicissima, il papà invece non ha detto niente.
*Alessandra:* E dove andrete ad abitare?
*Valentina:* Non lo sappiamo ancora. Stiamo cercando una casa in affitto, ma non è facile.

# Lição 29 — Diálogo

*Alessandra:* Tu continuerai a studiare?
*Valentina:* Sì, certamente.
*Alessandra:* Andrete in viaggio di nozze?
*Valentina:* Sicuramente! Ma non abbiamo ancora deciso dove. Io preferirei andare su un'isola dei Caraibi, ma Paolo non è d'accordo, preferisce restare in Europa, magari in Grecia.
*Alessandra:* Avete ancora tempo per decidere.
*Valentina:* Sì, ma un anno passa in fretta e ci sono così tante cose da organizzare per il matrimonio: l'abito da sposa, la chiesa, il ricevimento, i testimoni, la lista dei regali ...
*Alessandra:* Santo cielo, Valentina, non iniziare adesso a stressarti!!

## Valentina vai se casar

*Valentina:* Alessandra, estou tão emocionada!
*Alessandra:* Por quê? O que aconteceu, Valentina?
*Valentina:* Paolo e eu vamos nos casar.
*Alessandra:* Você vai se casar? Quando?
*Valentina:* No ano que vem, em maio! Vamos oferecer uma grande recepção. Queremos alugar uma vila perto do lago. Já fizemos uma lista de convidados: serão mais ou menos 90 pessoas. Claro que também convidaremos você e sua família.
*Alessandra:* Que bom! Viremos com certeza! E o que dizem os seus pais?
*Valentina:* Minha mãe está muito feliz, meu pai não disse nada.
*Alessandra:* E onde vocês vão morar?
*Valentina:* Não sabemos ainda. Estamos procurando uma casa para alugar, mas não é fácil.
*Alessandra:* Você vai continuar seus estudos?
*Valentina:* Sim, claro que vou.
*Alessandra:* Vocês irão viajar em lua de mel?
*Valentina:* Claro! Mas não decidimos ainda para onde. Eu gostaria de ir para uma ilha do Caribe mas Paolo não concorda e quer ficar na Europa, talvez a Grécia.

Diálogo, gramática   Lição 29

*Alessandra:* Vocês têm todo o tempo para decidir.
*Valentina:* Sim, mas um ano passa rápido e há tantas coisas a organizar para o casamento: o vestido de noiva, a igreja, a recepção, os padrinhos, a lista de presentes...
*Alessandra:* Por Deus, Valentina, não comece a estressar desde já!!

## Futuro do presente do indicativo

As irregularidades do futuro do presente do indicativo e sua formação são similares àquelas do futuro do pretérito (cf. Lição 26).

|  | **guardare** | **leggere** |
|---|---|---|
| io | guard**erò** | legg**erò** |
| tu | guard**erai** | legg**erai** |
| lui, lei, Lei | guard**erà** | legg**erà** |
| noi | guard**eremo** | legg**eremo** |
| voi | guard**erete** | legg**erete** |
| loro | guard**eranno** | legg**eranno** |

|  | **dormire** | **essere** |
|---|---|---|
| io | dorm**irò** | sarò |
| tu | dorm**irai** | sarai |
| lui, lei, Lei | dorm**irà** | sarà |
| noi | dorm**iremo** | saremo |
| voi | dorm**irete** | sarete |
| loro | dorm**iranno** | saranno |

■ Formas irregulares:

| andare | → | **andrò** | dire | → | **dirò** |
|---|---|---|---|---|---|
| avere | → | **avrò** | fare | → | **farò** |
| dovere | → | **dovrò** | stare | → | **starò** |
| potere | → | **potrò** | bere | → | **berrò** |
| vedere | → | **vedrò** | venire | → | **verrò** |
| sapere | → | **saprò** | volere | → | **vorrò** |
| dare | → | **darò** | rimanere | → | **rimarrò** |

No italiano, assim como no português, o futuro do presente é usado para expressar ações e situações no futuro. Na linguagem corrente, porém, o futuro do indicativo é raramente usado, sendo substituído pelo presente, especialmente no que concerne a ações que irão se passar em um futuro próximo:

*Quest'estate **andrò** al mare.* (uso menos comum, com
(Neste verão **irei** para o litoral.) o futuro do presente)

*Questa sera **vado** al cinema.* (forma mais usada no
(Esta noite **vou** ao cinema.) dia a dia)

### Advérbios

Advérbios modificam verbos, outros advérbios ou adjetivos. Assim como em português, em italiano os advérbios de modo são formados a partir de adjetivos, pela adição da expressão *-mente* à versão feminina dos verbos terminados em *-o*:

| adjetivo | → | advérbio |
|---|---|---|
| *tranquillo* | → | **tranquillamente** |
| *perfetto* | → | **perfettamente** |
| *sicuro* | → | **sicuramente** |

■ Exceções:
Adjetivos que terminam em *-e* formam seus advérbios pela simples adição da expressão *-mente*:

| *cortese* | → | **cortesemente** |
|---|---|---|
| *recente* | → | **recentemente** |

Adjetivos que terminam em *-re* e *-le* perdem o *-e* antes do sufixo *-mente*:

| *facile* | → | **facilmente** |
|---|---|---|
| *regolare* | → | **regolarmente** |

Gramática, exercício — Lição 29

> **Atenção:**
>
> *Marco è **tranquillo**.* (Marco é tranquilo.)
> (*tranquillo* = adjetivo)
>
> *Marco parla **tranquillamente**.* (Marco fala tranquilamente.)
> (*tranquillamente* = advérbio)
>
> ## Comparativo
>
> O comparativo dos advérbios é formado com os adjetivos *più* (*più* tranquillamente = mais tranquilamente, *più* tardi = mais tarde). O superlativo absoluto é formado com *-issimo* e *-issimamente* (*tranquillissimamente* = tranquilíssimo; *tardissimo* = tardíssimo).
>
> Formas irregulares importantes incluem:
> - *bene* (bem) → **meglio** (melhor) → **benissimo** (muito bem)
> - *male* (mal) → **peggio** (pior) → **malissimo** (muito mal)
> - *poco* (pouco) → **meno** (menos) → **pochissimo** (pouquíssimo)
> - *molto* (muito) → **più** (mais) → **moltissimo** (muitíssimo)

## Exercício 1

**Reescreva este texto no futuro do presente do indicativo.**

L'estate scorsa Marina è andata in vacanza in Sardegna. È partita con alcuni amici all'inizio di agosto. Sono andati fino a Genova in macchina, poi hanno preso il traghetto per Olbia. Sono stati per due settimane in un bell'albergo direttamente sul mare. Hanno fatto molti bagni, preso molto sole e mangiato molto pesce. La terza settimana l'hanno passata in barca a vela. È stata proprio una bella vacanza!

L'estate prossima Marina ............................................
................................................................
................................................................
................................................................
................................................................
................................................................

Lição 29 — Exercício

**Exercício 2**

Complete as sentenças com o verbo no futuro do presente do indicativo.

1. L'anno prossimo Marco ....... la scuola. (finire)
2. Simona ...... al mare con me. (venire)
3. Luca e Matteo ....... in vacanza insieme. (andare)
4. Purtroppo Maria ....... lavorare tutto il giorno. (dovere)
5. Non so se anche Dario ....... venire. (volere)
6. Teresa ....... domani e ....... tre giorni con noi. (arrivare/rimanere)
7. (Noi) ....... alla fine di agosto. (tornare)
8. Anna e Marco ....... a settembre. (sposarsi)

**Exercício 3**

Forme o advérbio a partir dos adjetivos adicionando o sufixo *-mente*.

| Adjetivo | Advérbio |
|---|---|
| sereno | .................... |
| gentile | .................... |
| tenero | .................... |
| difficile | .................... |
| lento | .................... |
| pigro | .................... |
| veloce | .................... |
| sincero | .................... |
| dolce | .................... |

Exercício Lição 29

**Adjetivo ou advérbio?**
Escolha a forma correta.

*Exercício 4*

*gentile – gentilmente*
1. Marco è una persona ........
2. Mi ha salutato molto ........

*tenero – teneramente*
3. Lo ha baciato ........
4. Questa carne è molto ........

*corretto – correttamente*
5. Questa frase è ........
6. Ha risposto ........

*silenzioso – silenziosamente*
7. È uscito di casa ........
8. Questa zona non è molto ........

*allegro – allegramente*
9. Mio marito è sempre ........
10. Mi ha salutato ........

**Escreva os verbos no tempo correto.**

*Exercício 5*

1. Ieri Miriam ............ alle otto. (tornare)

2. L'anno prossimo (io) ........ in vacanza con i miei suoceri. (andare)

3. Da bambina (io) ............ al mare con la nonna. (andare)

4. Di solito (io) ............ alle 7h30. (alzarsi)

5. Dieci anni fa questa ............ una città tranquilla. (essere)

6. Che cosa (tu) ............ ieri sera alla TV? (vedere)

Lição 29 — Exercício

**7.** Ieri, mentre (io) ............ alla stazione, (io) ............ Andrea. (andare – incontrare)

**8.** Tra dieci giorni Stefania ............ per la Francia. (partire)

**9.** Riccardo, ............ subito qui e ............ di disturbare tua sorella! (venire – smettere)

**10.** Marta non ............ il tedesco. (capire)

---

**Exercício 6**

Organize as palavras em quatro grupos. Cada grupo deve conter quatro termos com significados que se relacionem.

| | |
|---|---|
| dente | sposa |
| temporale | targa |
| nozze | spalla |
| serbatoio | pioggia |
| .................... | .................... |
| .................... | .................... |
| .................... | .................... |
| .................... | .................... |
| matrimonio | portiera |
| pancia | vento |
| automobile | mano |
| testimone | nuvola |
| .................... | .................... |
| .................... | .................... |
| .................... | .................... |
| .................... | .................... |

## Vocabulário — Lição 29

| | | | |
|---|---|---|---|
| **abito** m | vestido | **lento** | lento |
| **abito da sposa** m | vestido de noiva | **lista** f | lista |
| **affittare** | alugar | **malissimo** | muito mal |
| **affitto** m | aluguel | **meno** | menos |
| **allegro** | feliz, alegre | **moltissimo** | muitíssimo |
| **barca a vela** f | barco a vela | **nozze** f pl | casamento, núpcias |
| **battesimo** m | batismo | | |
| **bomboniera** f | doce oferecido como lembrança de casamento ou de batizado | **peggio** | pior |
| | | **pigro** | preguiçoso |
| | | **pochissimo** | pouquíssimo |
| | | **prima comunione** f | primeira comunhão |
| **Caraibi** m pl | Caribe | **regolare** | regular |
| **casa in affitto** f | casa alugada | **ricevimento** m | recepção |
| **circa** | aproximadamente | **salutare** | saudar |
| | | **santo** | sagrado, santo |
| **confetto** m | doce | **santo cielo!** | por Deus! |
| **continuare** | continuar | **Sardegna** f | Sardenha |
| **corretto** | correto | **silenzioso** | quieto, silencioso |
| **cuoco** m | cozinheiro | | |
| **dare un ricevimento** | dar uma recepção | **sincero** | sicero, franco |
| | | **sposa** f | noiva |
| **difficile** | difícil | **stressarsi** | estressar-se |
| **Europa** f | Europa | **succedere** | acontecer |
| **facile** | fácil | **tenero** | terno |
| **fretta** f | pressa | **testimone** m/f | testemunha |
| **Genova** f | Gênova | **traghetto** m | ferryboat, balsa |
| **Grecia** f | Grécia | | |
| **in fretta** | rápido | **viaggio di nozze** m | lua de mel |
| **invitato** m | convidado | | |
| **isola** f | ilha | **villa** f | vila, casa grande |

## Casamentos

Os casamentos italianos são grandes eventos. A cerimônia tradicional acontece na igreja, seguida por uma grande e opulenta refeição. No final do casamento, o noivo e a noiva entregam **bomboniere** com **confetti** como lembrança. **Confetti** são pequenas amêndoas glaçadas. Nos casamentos, geralmente o confeito é branco.

**Bomboniere** são cones pequenos cheios de **confetti** e decorados com flores ou arco-íris. Em casamentos, muitas vezes eles contêm um brinde de prata. Esses brindes têm grande importância nos casamentos e os italianos gastam somas consideráveis com eles. Manter uma lista de presentes (**liste nozze**) em uma loja de departamentos ou com um parente é também um costume comum na Itália.

A propósito, **confetti** também são oferecidos em **battesimi** (batizados) e na **prime comunioni** (primeira comunhão), embrulhados em rosa (meninas) ou azul-claro (meninos).

## Progetti

**30**

Com'è triste partire! Per Alessandra i tre mesi che ha passato in Italia sono volati. Quanti ricordi da mettere in valigia: la gita a Firenze, il fine settimana a Lerici, le serate con gli amici, la famiglia Simoni! Alessandra spera di rivedere presto le persone che ha conosciuto in Italia e soprattutto Marco... Sì, Marco è sicuramente la persona di cui sentirà di più la mancanza... Ma Alessandra ha già tanti progetti: innanzitutto in settembre tornerà in Italia per due settimane, in vacanza. Ha intenzione di andare in Sardegna, naturalmente con Marco. Ma due settimane non le bastano. I colleghi con cui ha lavorato a Milano sono proprio gentili e simpatici e le piacerebbe continuare a lavorare con loro. Ha già parlato con il suo capo e forse potrà lavorare a Milano per tutto l'inverno. Chissà cosa diranno i suoi genitori?!

### Planos para o futuro

Como é triste partir! Os três meses que Alessandra passou na Itália voaram! Quantas recordações ela levará na mala: o passeio por Florença, o fim de semana em Lerici, as noites com os amigos,

# Lição 30 — Diálogo, gramática

a família Simoni! Alessandra espera que em breve possa rever todas as pessoas que ela conheceu na Itália, sobretudo Marco... Sim, Marco certamente é a pessoa de quem ela sentirá mais falta... Mas Alessandra já fez muitos planos: em primeiro lugar ela vai voltar à Itália para duas semanas de férias em setembro. E pretende viajar à Sardenha, com Marco, naturalmente. Contudo, duas semanas não são o suficiente para ela. Os colegas com quem trabalhou em Milão são mesmo muito gentis e simpáticos e ela gostaria de continuar a trabalhar com eles. Ela até já falou com seu chefe e talvez venha trabalhar em Milão durante o inverno. Quem sabe o que seus pais irão dizer sobre isso?!

## Pronomes relativos

O pronome relativo **che** pode ser usado como sujeito ou como objeto direto. Não varia com relação a gênero (*feminino* e *masculino*) ou número (*singular* e *plural*).

– *La ragazza **che** parla è mia sorella.*
  (A garota que fala é minha irmã.)
– *Il ragazzo **che** vedi è mio fratello.*
  (O rapaz que você vê é meu irmão.)

O pronome **cui** é usado com preposições. Também não varia em sua forma.

– *La ragazza con **cui** parli è mia sorella.*
  (A garota com quem você está falando é minha irmã.)
– *Il ragazzo a **cui** ho dato il libro è mio fratello.*
  (O rapaz a quem dei o livro é meu irmão.)

Os pronomes relativos **che** e **cui** podem ser substituídos por **il quale/la quale, i quali/le quali** (geralmente depois das preposições). Nesse caso, os pronomes devem concordar em gênero e número ao elemento com que estão relacionados, assim como o artigo, que deve ser expresso:

– *I ragazzi con **i quali** parli sono i miei fratelli.*
– *La ragazza con **la quale** parli è mia sorella.*
– *Le ragazze con **le quali** parli sono le mie sorelle.*

Exercício — Lição 30

## Exercício 1

**Che** ou **cui**? Preencha com o pronome relativo correto.

1. Il libro .... ho letto mi è piaciuto molto.
2. Maria è la ragazza con .... vado in ufficio.
3. Ho letto la lettera .... ti ha scritto Mario.
4. Non conosco la persona di .... parli.
5. Il ragazzo .... sta bevendo la birra è Paolo.
6. Questi sono i regali .... mi ha fatto Simona.
7. L'automobile con .... sei venuto è nuova.
8. Questo è il motivo per .... non sono venuto.

## Exercício 2

Reposicione o pronome relativo **cui** do exercício 1 usando a forma apropriada de **il quale/la quale**.

2. ...........................................
4. ...........................................
7. ...........................................
8. ...........................................

## Exercício 3

Conecte as duas frases com o pronome relativo apropriado.

Il ragazzo sta uscendo dalla farmacia. Lui è Marco.
→ Il ragazzo che sta uscendo dalla farmacia è Marco.

1. Oggi Marisa va da un'amica. L'amica abita davanti al mio ufficio.

   ...........................................

2. Federica ha molti mobili antichi. Li ha comprati a Londra.

   ...........................................

Lição 30  Exercício

3. Andiamo a casa di una mia collega. Lei è appena tornata dalle vacanze.

..........................................

4. Ieri ho perso l'ombrello. Tu mi hai regalato l'ombrello a Natale.

..........................................

5. Stamattina ho incontrato Marco. Mi ha invitato a cena.

..........................................

6. Alessandra prende il treno. Il treno parte alle ore 6:50.

..........................................

**Exercício 4**

Usando a frase introdutória, forme seis orações combinando cada expressão relativa (1-6) com a afirmação apropriada (a-f).

Marco è il ragazzo ...

1. di cui   a Alessandra esce più spesso.
2. a cui    b Alessandra è innamorata.
3. con cui  c Alessandra scrive ogni giorno.
4. a cui    d Alessandra ha deciso di tornare a Milano.
5. di cui   e Alessandra pensa tutto il giorno.
6. per cui  f Alessandra parla sempre.

..........................................
..........................................
..........................................
..........................................
..........................................
..........................................

Exercício, vocabulário, país e cultura — Lição 30

**Exercício 5**

**Forme pares opostos, como mostrado no exemplo.**

| chiaro | allegro | scuro | triste |
|---|---|---|---|
| presto | poco | *male* | amaro |
| veloce | *bene* | tanto | tardi |
| difficile | dolce | lento | facile |

**Vocabulário**

| | | | |
|---|---|---|---|
| **amaro** | amargo | **rivedere** | ver/rever |
| **capo** *m* | patrão, chefe | **sentire la** | sentir falta |
| **innanzitutto** | antes de tudo | **mancanza di** | de alguém |
| **progetto** *m* | projeto, plano | **qualcuno** | |
| **ricordo** *m* | memória, recordação | | |

### *Promessas vazias?*

Para os estrangeiros, os italianos parecem fazer promessas que nunca virão a cumprir. Na verdade, contudo, essas promessas são vistas como "boas intenções". Elas são feitas geralmente em momentos de emoção, como partidas e separações, e representam expressões espontâneas de boa vontade. Ocasionalmente, também nascem de um senso de dever, mas raramente é possível levá-las adiante.

## Respostas dos exercícios

### Lição 1

*Exercício 1:* **1.** Valentina è a casa con la nonna. **2.** Paolo è un amico di Valentina. **3.** No, mi dispiace, non sono Alessandra, sono Silvia. **4.** Alessandra è la ragazza bionda con la valigia. **5.** Questo non è Paolo, questo è Stefano.

*Exercício 2:* 1-d; 2-e; 3-a; 4-b; 5-c.

*Exercício 3:* **1.** Scusi, Lei è Marina Valenti? No, mi dispiace, sono Stefania De Vito. **2.** Questo è Stefano, vero? No, questo è Paolo, un amico di Valentina. **3.** Alessandra è un po' stanca per il viaggio. **4.** Alessandra è la ragazza bionda con la valigia. **5.** Stefano non è alla stazione ma a casa con la nonna.

*Exercício 4:* **1.** è **2.** è **3.** siamo **4.** sono **5.** è **6.** siete **7.** sono.

*Exercício 5:* **1.** Questa non è Valentina. **2.** La mamma non è stanca. **3.** Non siamo alla stazione. **4.** Paolo e Marco non sono a scuola. **5.** Il viaggio non è lungo. **6.** Voi non siete biondi. **7.** Stefano e Paolo non sono a casa.

*Exercício 6:* **1.** è **2.** la **3.** stanca **4.** viaggio **5.** benvenuta **6.** Ciao **7.** bene **8.** grazie **9.** Sei **10.** un po' **11.** Questo **12.** è **13.** questo **14.** è **15.** Piacere **16.** Piacere

### Lição 2

*Exercício 1:* **1.** sta **2.** stai **3.** sto **4.** sta **5.** sta **6.** stanno **7.** state **8.** sta

*Exercício 2:* 1-e; 2-f; 3-b; 4-c; 5-a; 6-d.

*Exercício 3:* Formale: 2; 3; 5; 7. Informale: 1; 4; 6.

*Exercício 4:* **1.** ha **2.** ha **3.** ha **4.** hanno **5.** hai

*Exercício 5:* **1.** Sto bene, grazie. **2.** (Lui) è a casa con la nonna. **3.** No, questo non è Marco, questo è Paolo. **4.** Sì, sono molto stanca. **5.** No, lei non è tedesca.

*Exercício 6:* **1.** come **2.** sorda **3.** anni

*Exercício 7:* 1-c; 2-e; 3-f; 4-g; 5-d; 6-a; 7-h; 8-b.

*Exercício 8:* **1.** italiano **2.** inglese **3.** svizzero **4.** italiana **5.** spagnole **6.** giapponese **7.** francesi

### Lição 3

*Exercício 1:* **1.** la; le porte (porta) **2.** il; i letti (cama) **3.** il; i quadri (quadro) **4.** la; le sedie (cadeira) **5.** la; le poltrone (poltrona) **6.** il; i tappeti (tapete) **7.** la; le tavole (mesa)

*Exercício 2:*  **1.** la; le chiavi (chave)  **2.** il; i bicchieri (copo)
**3.** la; le televisioni (TV)  **4.** il; i giornali (jornal)  **5.** la; le madri (mãe)
**6.** il; i padri (pai)

*Exercício 3:*  **1.** l'  **2.** il  **3.** l'  **4.** il  **5.** l'  **6.** lo  **7.** la  **8.** l'
**9.** la  **10.** la  **11.** l'  **12.** la

*Exercício 4:*  **1.** un  **2.** una  **3.** una  **4.** un  **5.** uno  **6.** uno
**7.** una  **8.** un'  **9.** un  **10.** un'  **11.** un  **12.** un

*Exercício 5:*  C'è un armadio, un letto, un tappeto, una televisione, una poltrona, un giornale, un tavolo.
Ci sono due sedie, tre quadri, sei bicchieri.

*Exercício 6:*  **1.** Il frigorifero è pieno.  **2.** La camera di Valentina non è grande.  **3.** La casa di Simona è bella.  **4.** Marco è gentile.
**5.** La zia di Valentina è gentile.  **6.** Alessandra è tedesca e bionda.
**7.** La stazione è grande.  **8.** Gli appartamenti sono grandi.

## Lição 4

*Exercício 1:*  guardare; mangiare; abitare; io guardo, mangio, abito; Carla guarda, mangia, abita; Valentina e Franco guardano, mangiano, abitano.

*Exercício 2:*  **1.** gioca  **2.** ama  **3.** parlano  **4.** parlo  **5.** suoni
**6.** lavora  **7.** abita  **8.** guardiamo  **9.** amate  **10.** lavoro

*Exercício 3:*  **1.** fa  **2.** fanno  **3.** fai  **4.** fa  **5.** fate  **6.** facciamo

*Exercício 4:*  è; italiana; abita; Ha; è; sportiva; Parla; suona; fa; mangia; Guarda; fa; fa; abitano; sono; gentili.

*Exercício 5:*  Paolo è un amico di Valentina. (Lui) abita a Milano. Ha 25 anni. È sportivo. Parla italiano e non suona la chitarra. Mangia molti dolci e guarda la televisione.

*Exercício 6:*  tredici; trentotto; cinquantaquattro; diciannove; venti sette; quarantacoi; settantasette; novantadue; quaranta, ventitré, ottantuno; settantadue; sessantasei; cinquantasette; novantanove; sessantuno.

## Lição 5

*Exercício 1:*  **1.** capire  **2.** tornare  **3.** finire  **4.** vendere
**5.** sentire  **6.** prendere  **7.** vedere  **8.** guardare  **9.** lavorare
**10.** credere

*Exercício 2:*  1-e; 2-d; 3-b; 4-a; 5-c; 6-f.

*Exercício 3:*  **1.** sentono  **2.** torna  **3.** preferisce  **4.** guardano
**5.** Capisci  **6.** pulisce  **7.** Prendete  **8.** arriva

*Exercício 4:*  **1.** sente  **2.** capite  **3.** guardo  **4.** preferiscono
**5.** dorme  **6.** abitano

*Exercício 5:*  (Tu) capisci il francese, dormi molto e guardi la TV. Stefano e Valentina non capiscono il francese, dormono molto e non guardano la TV. La nonna capisce il francese, non dorme molto e guarda la TV.

*Exercício 6:* **1.** No, torna tardi. **2.** No, sente la musica. **3.** No, preferisce l'acqua. **4.** Sì, parla tedesco molto bene. **5.** Sì, ho fame.

*Exercício 7:* **1.** 894 **2.** 635 **3.** 227 **4.** 3976 **5.** 1.690.400 **6.** 1750 **7.** 3.130.000 **8.** 667.766

## Lição 6

*Exercício 1:* **1.** dà **2.** scegliete **3.** tengo **4.** paghiamo **5.** giocano **6.** sale **7.** dici **8.** Paghi, pago

*Exercício 2:* 1-b; 2-d; 3-e; 4-c; 5-a; 6-g; 7-f.

*Exercício 3:* Orizzontali: 4. dico 5. dicono 8. paghiamo 9. tengo 11. salgo 12. sceglie 13. salite 14. giochi
Verticali: 1. dai 2. tenete 3. scelgono 4. dà 5. diamo 6. pagate 7. giochiamo 10. date

*Exercício 4:* **1.** Le valigie sono leggere. **2.** I film sono interessanti. **3.** Le foto sono molto belle. **4.** Le arance sono buone. **5.** I medici sono bravi. **6.** Gli amici di Marco sono simpatici. **7.** Gli armadi sono grandi. **8.** I laghi sono vicini.

*Exercício 5:* 1. Preferisci acqua o vino?/Vino, grazie./Ecco. Allora cin-cin! 2. I genitori stanno bene?/Sì grazie, sono in vacanza./Che bello! 3. Dov'è la cucina?/La cucina è qui a destra. Hai fame?/No, grazie, non ancora.

## Lição 7

*Exercício 1:* **1.** Quando **2.** Che cosa **3.** Dove **4.** Quanti **5.** Perché **6.** Chi **7.** Che/Quale **8.** Come

*Exercício 2:* **1.** Facciamo spesso una passeggiata. **2.** Non mangio mai gli spaghetti. **3.** Marco legge sempre il giornale. **4.** Qualche volta lavoro il sabato. **5.** Viaggiamo raramente.

*Exercício 3:* fumo, fumi, fuma, fumiamo, fumate, fumano; chiudo, chiudi, chiude, chiudiamo, chiudete, chiudono; apro, apri, apre, apriamo, aprite, aprono.

*Exercício 4:* **1.** settantasette **2.** centosettantanove **3.** duemilacentocinquanta **4.** dodicimilanovecento **5.** centoventisette **6.** quindicimilaseicento

*Exercício 5:* **1.** la mamma, le mamme **2.** lo spagnolo, gli spagnoli **3.** l'animale, gli animali **4.** il bagno, i bagni **5.** l'aranciata, le aranciate **6.** la vacanza, le vacanze **7.** la televisione, le televisioni **8.** l'appartamento, gli appartamenti **9.** il bar, i bar **10.** la valigia, le valigie

*Exercício 6:* **1.** Le signore hanno due macchine. **2.** Gli appartamenti sono piccoli. **3.** I gatti stanno bene. **4.** I libri sono interessanti. **5.** Le ragazze giocano a tennis. **6.** Mangiamo sempre le pizze. **7.** Le amiche di Mara sono gentili.

## Lição 8

**Exercise 1:** **1.** vanno **2.** vado **3.** va **4.** vai **5.** andiamo **6.** va
**7.** andate

**Exercise 2:**

| _ | v | e | n | g | o | _ | _ | v |
| _ | _ | _ | _ | i | _ | _ | _ | e |
| _ | _ | _ | n | _ | _ | _ | _ | n |
| _ | _ | e | v | i | e | n | e | i |
| _ | i | _ | _ | _ | _ | _ | _ | t |
| v | e | n | i | a | m | o | _ | e |
| _ | _ | v | e | n | g | o | n | o |

**Exercise 3:** **1.** a, in **2.** di, a **3.** a **4.** da **5.** in **6.** a

**Exercise 4:** **1.** stanno **2.** guardo **3.** vengono **4.** sei
**5.** andate **6.** ama **7.** hanno **8.** prende **9.** facciamo

**Exercise 5:** 1-e; 2-c; 3-b; 4-a; 5-d.

**Exercise 6:** **1.** tavolo **2.** ragazza **3.** Germania **4.** aranciata
**5.** grazie

## Lição 9

**Exercício 1:** mi alzo/vado/mi vesto/faccio/porto/vado/sono/lavoro/
faccio/prendo/mi riposo/leggo/mangio/gioco/guardo/vado/vado/
mi addormento

**Exercício 2:** **1.** Mario è medico e va a lavorare alle otto e un quarto.
**2.** Franca è cameriera e va a lavorare alle quattro del pomeriggio.
**3.** Silvia è insegnante e va a lavorare alle otto e mezza. **4.** Andrea è
architetto e va a lavorare alle nove e un quarto. **5.** Francesco è
cantante e va a lavorare alle dieci. **6.** Teresa è infermiera e va a
lavorare alle sette meno un quarto. **7.** Sara è dentista e va a lavorare
alle nove e mezza.

**Exercício 3:** **1.** si addormenta **2.** si svegliano **3.** ci alziamo;
ci vestiamo **4.** mi chiamo **5.** vi riposate

**Exercício 4:** **1.** le sette meno venticinque **2.** le nove e tre
**3.** le nove e un quarto **4.** mezzanotte; **5.** mezzogiorno meno venti
**6.** l'una e mezza **7.** le tre e dieci **8.** mezzogiorno **9.** le otto.

**Exercício 5:** **1.** Alessandra non prende la metropolitana ma va in
ufficio a piedi. **2.** Valentina si alza alle sette, si lava e poi fa colazione.
**3.** Dopo cena la famiglia Masi guarda un film alla televisione.
**4.** La nuova amica di Alessandra si chiama Laura. **5.** A mezzanotte
Alessandra va a letto perché è stanca.

## Lição 10

*Exercício 1:* **1.** la mia  **2.** Il mio  **3.** mia  **4.** i miei  / **1.** tuo
**2.** tua  **3.** le tue  **4.** Tuo  / **1.** le nostre  **2.** i nostri  **3.** La nostra
**4.** I nostri  / **1.** La vostra  **2.** le vostre  **3.** Il vostro  **4.** le vostre

*Exercício 2:* **1.** i loro  **2.** i suoi  **3.** i suoi  **4.** la loro  **5.** sua
**6.** i loro.

*Exercício 3:* 1-d; 2-e; 3-f; 4-b; 5-a; 6-c.

*Exercício 4:* Il tuo amico Marco beve un caffè./Tu bevi un'aranciata./Paola beve un martini./Voi bevete un tè./Andrea e Luca bevono una cioccolata./Noi beviamo un cognac./Io bevo un'acqua minerale./I miei genitori bevono un cappuccino.

*Exercício 5:* **1.** ottantanove  **2.** centoquarantasei
**3.** millecinquecentottanta  **4.** centoventimila  **5.** trecentosettantasei
**6.** cinquemilioni trecentomila  **7.** duemilaseicentodieci  **8.** ventunmila

*Exercício 6:* **1.** letto, lampada, sedia, tavolo  **2.** metropolitana, autobus, macchina, treno  **3.** zio, figlia, fratello, nonno  **4.** broccoli, insalata, zucchini, arancia

## Lição 11

*Exercício 1:* voglio, posso, devo, devo, so.

*Exercício 2:* vuole, può, deve, deve, sa./vogliono, possono, devono, devono, sanno.

*Exercício 3:* **1.** volete, dovete  **2.** Vogliono  **3.** posso, devo
**4.** sappiamo  **5.** Puoi  **6.** So

*Exercício 4:* al, alla, al, allo/della, dell', degli/dal, dalla, dai/nella, nel, nei/sul, sul, sulla

*Exercício 5:* **1.** a, in  **2.** al, con i/coi  **3.** di, a  **4.** al, di

*Exercício 6:* Lunedì pomeriggio alle quattro e mezza Giovanni va dal medico./Martedì sera Giovanni va a teatro./Mercoledì pomeriggio alle sette e mezza gioca a tennis./Giovedì sera va all'opera./Venerdì mattina alle undici e un quarto fa una passeggiata nel parco./Sabato pomeriggio all'una va a pranzo da Carla./Domenica pomeriggio alle quattro va alla partita di calcio.

## Lição 12

*Exercício 1:* **1.** guardato  **2.** leggere  **3.** scritto  **4.** chiudere
**5.** dormito  **6.** aprire  **7.** stato  **8.** suonare  **9.** preso  **10.** visitare

*Exercício 2:* **1.** fatto  **2.** sentito  **3.** andati  **4.** preso  **5.** lavorato
**6.** stata  **7.** arrivati  **8.** chiuso

*Exercício 3:* **1.** ha guardato  **2.** sono andato/a  **3.** hai sentito
**4.** siete tornati/e  **5.** hanno preso  **6.** è venuto  **7.** abbiamo aperto
**8.** sono arrivati/e

*Exercício 4:* **1.** ho risposto  **2.** hai chiesto  **3.** ha perso  **4.** ha scritto  **5.** abbiamo messo

*Exercício 5:* Dopo colazione Alberta è andata in chiesa e Francesco ha fatto una passeggiata in centro. All'una sono andati insieme a pranzo dalla zia di Alberta. Al pomeriggio Francesco ha letto un libro e Alberta ha scritto alcune lettere. Alle otto sono andati a teatro e poi a cena in un ristorante messicano. Sono arrivati a casa alle undici e mezzo e sono andati subito a letto.

*Exercício 6:* **1.** sul  **2.** in  **3.** nell'  **4.** a  **5.** di  **6.** dai  **7.** con  **8.** alla  **9.** dallo  **10.** del

## Lição 13

*Exercício 1:* arrivare, essere, andare, lavarsi, tornare, riposarsi, costare.

*Exercício 2:* sono nata; si sono trasferiti; ho frequentato; ho studiato; sono diventata; mi sono sposata; siamo andati; abbiamo comprato; sono nate; ho lavorato

*Exercício 3:* Alle sette e un quarto ha fatto la doccia./Alle sette e mezza ha preso un caffè./Alle otto è andata in ufficio in macchina./A mezzogiorno e mezzo ha mangiato in mensa./All'una e mezza ha fatto una passeggiata./Alle cinque è andata in centro./Alle sette è tornata a casa./Alle otto e mezza ha cenato./Alle undici è andata a letto./Alle undici e un quarto si è addormentata.

*Exercício 4:* **1.** Quando è nato lo zio Giovanni?  **2.** Quando è andata in America?  **3.** Quando hanno pranzato?  **4.** Quando avete letto il giornale?

*Exercício 5:* **1.** da  **2.** di  **3.** dal  **4.** in  **5.** alle

*Exercício 6:* 1-c; 2-a; 3-e; 4-d; 5-b.

## Lição 14

*Exercício 1:* del; del; della; del; dei; delle; dell'; dello; delle; degli.

*Exercício 2:* **1.** gli  **2.** mi  **3.** mi  **4.** le  **5.** ti  **6.** vi  **7.** ci  **8.** gli

*Exercício 3:* **1.** gli  **2.** ne  **3.** ne  **4.** Le  **5.** le  **6.** gli

*Exercício 4:* **1.** Mi piacciono  **2.** mi piace  **3.** Mi piace  **4.** Mi piace  **5.** mi piacciono  **6.** Mi piace

*Exercício 5:* 1-d; 2-a; 3-c; 4-e; 5-b.

## Lição 15

*Exercício 1:* **1.** Lo  **2.** Le  **3.** vi  **4.** ti  **5.** mi  **6.** ci

*Exercício 2:* **1.** la  **2.** le  **3.** lo  **4.** li  **5.** lo  **6.** la

*Exercício 3:* **1.** lo  **2.** le  **3.** li  **4.** gli  **5.** La  **6.** Le  **7.** Gli  **8.** le

*Exercício 4:*   **1.** I nonni vanno a vedere un film al cinema.   **2.** Nadia non ha tempo di suonare il pianoforte.   **3.** Preferiscono mangiare in pizzeria.   **4.** Aiuto i miei genitori a pulire l'appartamento.   **5.** Nicola non ha voglia di andare a scuola.

## Lição 16

*Exercício 1:*   **1.** chiudi   **2.** scrivete   **3.** porta   **4.** racconta   **5.** dormi   **6.** telefoni   **7.** vieni   **8.** da'/dai   **9.** dica   **10.** abbiate   **11.** vai/va'   **12.** fai/fa'

*Exercício 2:*   **1.** Faccia   **2.** fumi   **3.** Mangi   **4.** Prenda   **5.** Dorma   **6.** beva   **7.** Vada   **8.** mangi

*Exercício 3:*   Business: 1, 3, 4, 6. Private: 2, 5.

*Exercício 4:*   **1.** È accanto alla banca.   **2.** È vicino alla chiesa, dietro alla pizzeria.   **3.** È vicino al parcheggio, dietro al supermercato.   **4.** È accanto alla pizzeria, vicino alla farmacia.   **5.** È vicino alla farmacia.   **6.** È tra la banca e il supermercato.

*Exercício 5:*   **1.** Il cinema è in fondo alla strada.   **2.** Il ristorante è di fronte alla scuola.   **3.** La casa di Luca è dietro alla chiesa.   **4.** La panetteria è accanto al negozio di abbigliamento.   **5.** La farmacia è tra il supermercato e la banca.

*Exercício 6:*   1-f; 2-c; 3-a; 4-b; 5-d; 6-e.

## Lição 17

*Exercício 1:*   **1.** eccola   **2.** Eccoli   **3.** eccola   **4.** eccolo   **5.** Eccomi   **6.** Eccoci   **7.** Eccole

*Exercício 2:*   **1.** La mangio.   **2.** Lo devo comprare./Devo comprarlo.   **3.** Che cosa le regali?   **4.** La vuoi anche tu?   **5.** Gli piace molto la musica jazz.   **6.** È meglio prenderlo.   **7.** Anche Alessandra li mangia.   **8.** Gli piace giocare a tennis.

*Exercício 3:*   **1.** te lo regala   **2.** non glieli porta   **3.** se li lava sempre   **4.** Te li porta   **5.** te la scrivo   **6.** te le do

*Exercício 4:*   **1.** Piero gliela racconta.   **2.** Il signor Cattaneo gliela scrive.   **3.** Andrea glielo chiede.   **4.** La mamma glielo insegna.   **5.** Glielo presento.

*Exercício 5:*   Buongiorno! Un biglietto per Bologna, per favore./Di seconda classe./Scusi, sa a che ora parte il prossimo treno?/Molte grazie. Arrivederci.

## Lição 18

*Exercício 1:*   **1.** Lavala!   **2.** Non lavarla con l'acqua calda!   **3.** Tagliala!   **4.** Mettila in un'insalatiera!   **5.** Condiscila con olio, aceto, pepe e sale.   **6.** Assaggiala!   **7.** Portala in tavola!   **8.** Mangiala!

*Exercício 2:*   **1.** La lavi!   **2.** Non la lavi con l'acqua calda!   **3.** La tagli!   **4.** La metta in un'insalatiera!   **5.** La condisca con olio, aceto, pepe e sale.   **6.** L'assaggi!   **7.** La porti in tavola!   **8.** La mangi!

*Exercício 3:*   **1.** Bevilo! – Lo beva!; Provalo! – Lo provi!; Assaggialo! – Lo assaggi!; Compralo! – Lo compri!; Pagalo! – Lo paghi; Prendilo! – Lo prenda!; Guardalo! – Lo guardi!;   **2.** Provale! – Le provi!; Comprale! – Le compri!; Pagale! – Le paghi; Prendile! – Le prenda!; Guardale! – Le guardi!;   **3.** Mangiali! – Li mangi!; Provali! – Li provi!; Assaggiali! – Li assaggi!; Comprali! – Li compri!; Pagali! – Li paghi; Prendili! – Li prenda!; Guardali! – Li guardi!;   **4.** Compralo! – Lo compri!; Pagalo! – Lo paghi; Prendilo! – Lo prenda!; Guardalo! – Lo guardi!; Leggilo! – Lo legga!

*Exercício 4:*   **1.** la apra   **2.** mangiala   **3.** fumala   **4.** non comprarla   **5.** la chiuda   **6.** leggila

*Exercício 5:*   **1.** Portala in officina!   **2.** Scrivile una lettera!   **3.** Compralo!   **4.** Puliscilo!   **5.** Regalale un mazzo di fiori.

*Exercício 6:*   **1.** fammi   **2.** dammi   **3.** dammi   **4.** Dimmi   **5.** Dammi   **6.** dammi

*Exercício 7:*   1-h; 2-f; 3-d; 4-e; 5-a; 6-b; 7-c; 8-g.

## Lição 19

*Exercício 1:*   **1.** parlando   **2.** dando   **3.** dicendo   **4.** vedendo   **5.** pulendo   **6.** incontrando   **7.** venendo

*Exercício 2:*   **1.** Piera si sta vestendo in camera sua.   **2.** Zia Carla sta partendo per le vacanze.   **3.** Stiamo andando a fare la spesa al supermercato all'angolo.   **4.** Sta facendo i compiti.   **5.** Stanno telefonando a Carla per dirle di venire più tardi.   **6.** Stai ascoltando le notizie alla radio.

*Exercício 3:*   **1.** le sto telefonando adesso   **2.** si sta alzando adesso   **3.** le sto scrivendo adesso   **4.** lo stiamo bevendo adesso   **5.** sta uscendo adesso   **6.** lo sto preparando adesso

*Exercício 4:*   **1.** non va   **2.** –   **3.** non voglio   **4.** non ha invitato   **5.** –   **6.** Non sono   **7.** –   **8.** Non vuole

*Exercício 5:*   **1.** di   **2.** a – in   **3.** di   **4.** di – all'   **5.** di – al   **6.** di   **7.** di   **8.** a – alle

*Exercício 6:*   1-e; 2-d; 3-b; 4-a; 5-c.

## Lição 20

*Exercício 1:*   **1.** Sì, l'ho già letto.   **2.** L'ho sentita stamattina.   **3.** No, non l'ho ancora fatta.   **4.** Le ho comprate al mercato.   **5.** Sì, l'ho già vista.   **6.** Sì, li ho già provati.   **7.** Li ho conosciuti a Firenze.

*Exercício 2:*   **1.** o   **2.** o   **3.** a   **4.** o   **5.** o   **6.** a   **7.** a   **8.** a   **9.** a   **10.** a   **11.** a

*Exercício 3:* Ieri Alessandra si è svegliata alle 9:00. Alle 10:00 ha fatto una passeggiata con Piera. Alle 12:30 ha pranzato in casa. Alle 14:00 ha guardato la TV. Alle 19:00 è venuto Marco e l'ha portata a cena al ristorante „Le tre noci". A mezzanotte è andata a letto.

*Exercício 4:* **1.** la **2.** Gli **3.** te la **4.** li **5.** l' **6.** ti **7.** lo **8.** la **9.** gli **10.** le

*Exercício 5:* Ieri Roberto si è alzato presto. Ha fatto colazione in un bar e poi è andato in ufficio. Alle 11:00 gli ha telefonato Cristina e gli ha chiesto di andare a pranzo insieme. Così si sono incontrati alle 12:30 al ristorante „Al Mulino" e hanno mangiato una bella insalata. Poi Roberto è tornato in ufficio. Alle 18:00 è uscito ed è andato a casa di Mariella. Loro hanno chiacchierato un po' e poi sono andati al cinema. Dopo il cinema sono andati in un bar e a mezzanotte sono tornati a casa.

*Exercício 6:* Studia; pulisci; non ascoltare; fa'/fai; porta; leggi; va'/vai; non fumare; ascolta.

*Exercício 7:* dove abita?/Dov'è nata?/Quanti figli ha?/Lavora?/ A che ora si alza la mattina?/A che ora comincia a lavorare?/Dove mangia a mezzogiorno?/A che ora finisce di lavorare?

*Exercício 8:* Francesca Rinaldi è nata a Foggia il 7 ottobre 1958. Dal 1964 al 1972 ha frequentato la scuola elementare e media a Foggia e dal 1973 al 1978 il liceo a Bari. Nel 1979 ha sposato Fabrizio De Santi. Dal 1980 al 1986 ha lavorato come impiegata alle poste di Bari. Nel 1986 è nata sua figlia Cristina. Dal 1990 al 1995 ha lavorato ancora come impiegata alle poste di Bari e nel 1995 è nato suo figlio Luca.

## Lição 21

*Exercício 1:* andavo; accompagnava; restava; tornava; doveva; andavamo; era; facevamo; andavamo; era; giocavamo; telefonavamo; raccontavamo

*Exercício 2:* **1.** mangiava **2.** tornava – ha incontrato **3.** usciva **4.** aveva **5.** aspettava – è svenuta **6.** guardavo – è arrivato **7.** piaceva

*Exercício 3:* **1.** Ieri, mentre dormivo, ha suonato il telefono **2.** Ieri, mentre bevevo il caffè, è arrivata la mia collega. **3.** Ieri, mentre facevo la maglia, è entrato un gatto. **4.** Ieri, mentre lavoravo, il mio collega ha fumato una sigaretta.

*Exercício 4:* **1.** dal **2.** durante **3.** da **4.** per **5.** Mentre **6.** A – Alle **7.** Tra

*Exercício 5:* 1-b; 2-c; 3-a; 4-c.

## Lição 22

*Exercício 1:* **1.** Il cappotto è più elegante della giacca. **2.** L'aereo è più comodo del treno. **3.** La lambada è più moderna del valzer. **4.** I pantaloni sono più pratici della gonna. **5.** L'inglese è più facile dell'italiano.

*Exercício 2:* **1.** Mi piace di più andare a piedi che andare in macchina. **2.** Mi piace di più la mia bicicletta della tua. **3.** Mi piace di più Venezia di Bologna. **4.** Mi piace di più suonare il pianoforte che andare a un concerto. **5.** Mi piace di più il cappuccino del tè.

*Exercício 3:* **1.** Qual è il vino più buono della Germania? **2.** Qual è la montagna più alta del mondo? **3.** Qual è il film più bello dell'anno? **4.** Qual è il ristorante peggiore della città? **5.** Qual è il vestito più bello del negozio?

*Exercício 4:* bello specchio/bei quadri/begli armadi/bella casa/bell'ufficio/belle poltrone

## Lição 23

*Exercício 1:* **1.** si va **2.** si conoscono **3.** si fa **4.** si leggono **5.** si fanno **6.** si mangia

*Exercício 2:* **1.** si può **2.** si deve **3.** si vuole, si deve **4.** si può **5.** si può, si vuole **6.** si può

*Exercício 3:* **2.** Mi sono messo/a il cappotto perché faceva freddo. **3.** Ho mangiato un hamburger perché avevo fame. **4.** Ho preso l'ombrello perché pioveva. **5.** Non sono andato/a al cinema perché ero stanco/a. **6.** Ho comprato dei fiori perché era il compleanno di Pia. **7.** Ho fatto una passeggiata perché faceva bello. **8.** Ho bevuto una birra perché avevo sete.

*Exercício 4:* Hai visto/eravamo/abbiamo deciso/abbiamo fatto/faceva/nuotavamo/abbiamo visto/è rimasta/doveva.

*Exercício 5:* **1.** A Torino è sereno, c'è il sole, fa bello. **2.** A Venezia c'è il sole, è nuvoloso. **3.** A Pisa è nuvoloso, è coperto. **4.** A Roma è coperto, è nuvoloso. **5.** A Bari piove. **6.** A Catania piove. **7.** A Cagliari ci sono temporali.

*Exercício 6:* ristorante messicano; pesce fresco; viaggio lungo; fragola dolce; vestito verde; acqua naturale.

*Exercício 7:* **1.** bianco **2.** blu **3.** rossi **4.** giallo **5.** bianco, rosso **6.** verde

## Lição 24

*Exercício 1:* **2.** Fai/Fa' ginnastica **3.** Nuota **4.** Fai/Fa' un massaggio **2.** Vada a letto **3.** Mangi qualcosa **4.** Vada dal medico **1.** Prendi un tè **2.** Mettiti a letto **3.** Non prendere freddo

*Exercício 2:* **1.** quella **2.** Quei **3.** quell' **4.** quelle **5.** quegli **6.** quel **7.** quello

*Exercício 3:* **1.** Quella **2.** questo, questo, quello **3.** Quelle, quelle, Quelle

*Exercício 4:* **1.** regista **2.** discoteca **3.** fame **4.** mano **5.** scarpe

*Exercício 5:* Vorrei qualcosa contro il mal di testa./Quante ne devo prendere?/Grazie./No, grazie. Quanto fa?/Arrivederci.

## Lição 25

*Exercício 1:* **1.** loro; Lei; lui **2.** a me **3.** Noi; a te; me **4.** a voi

*Exercício 2:* **1.** senza di voi **2.** da te **3.** a lei **4.** con lui **5.** sotto di te **6.** per loro

*Exercício 3:* Buona serata! Buona Pasqua! Buona fortuna! Buon compleanno! Buone vacanze! Buon viaggio! Buon Anno!

*Exercício 4:* **1.** tennis **2.** sci **3.** nuoto **4.** pallavolo **5.** calcio

*Exercício 5:* Buongiorno./Vorrei avere alcune informazioni sui corsi./Purtroppo posso solo la sera./Quanto costa il corso?/E devo fare un test?/No, vengo la settimana prossima. Molte grazie e arrivederci.

## Lição 26

*Exercício 1:* **1.** alzerei; andrei; pulirei; inizierei; farei; andrei **2.** resterei; guarderei; leggerei; farei; andrei; cucinerei; vorrei **3.** dormiremmo, faremmo, andremmo, incontreremmo, giocheremmo, andremmo

*Exercício 2:* Tu: Faresti un lungo viaggio. Smetteresti di lavorare. Compreresti una casa. Andresti a vivere in America. Aiuteresti i bambini poveri. / Alessandra: Farebbe un lungo viaggio. Comprerebbe una casa. Andrebbe a vivere in America. Aiuterebbe i bambini poveri. / Piera e Luigi: Farebbero un lungo viaggio. Smetterebbero di lavorare. Comprerebbero una casa. Aiuterebbero i bambini poveri.

*Exercício 3:* **1.** potrebbe **2.** dispiacerebbe **3.** Vorrei **4.** sapresti **5.** potreste **6.** porterebbe **7.** Potrebbe

*Exercício 4:* A: Ho deciso: domenica andiamo a Firenze. B: Ma non ci siete stati un mese fa? A: Sì, ci siamo stati per lavoro. B: E perché domenica ci volete ritornare? A: Perché Firenze è una città molto interessante. B: Noi invece andiamo a Como. Perché non venite anche voi? A: Non ho voglia, ci sono stata anche domenica scorsa. B: Ah sì? E con chi ci sei andata? A: Ci sono andata con dei colleghi.

*Exercício 5:* 1-b; 2-e; 3-a; 4-f; 5-d; 6-c.

## Lição 27

*Exercício 1:* **1.** ci vuole/occorre **2.** ci vogliono/occorrono **3.** ci vogliono/occorrono **4.** ci vuole/occorre **5.** ci vuole/occorre **6.** ci vogliono/occorrono **7.** ci vogliono/occorrono **8.** ci vogliono/occorrono

*Exercício 2:* **1.** Ci vuole/Occorre **2.** Ci vogliono/Occorrono **3.** Bisogna **4.** ha bisogno di **5.** ha bisogno di **6.** bisogna **7.** bisogna

*Exercício 3:* Un cucchiaio è sotto la sedia/sulla sedia/accanto ai piatti/nella tazza/dietro la bottiglia/sul forno

*Exercício 4:* **1.** alla **2.** –; – **3.** a **4.** alla **5.** al

*Exercício 5:* A = Valentina B = nonna C = Alessandra D = papà E = Stefano F = mamma.

*Exercício 6:* **1.** Non ci vuole un chilo di zucchero ma un etto. **2.** Bisogna ammorbidire la colla di pesce in acqua fredda. **3.** Non bisogna bollire il latte e la panna. **4.** Giusto. **5.** Alla fine non bisogna mettere tutto in forno ma in frigorifero per sei ore.

*Exercício 7:* mattino, pomeriggio, sera, notte/lunedì, martedì, mercoledì, giovedì, venerdì, sabato, domenica/gennaio, fabbraio, marzo, aprile, maggio, giugno, luglio, agosto, settembre, ottobre, novembre, dicembre/primavera, estate, autunno, inverno.

## Lição 28

*Exercício 1:* **1.** tutte **2.** ogni **3.** nessuno **4.** tutto **5.** tutti, niente **6.** qualche **7.** qualcosa

*Exercício 2:* **1.** da **2.** di **3.** di, da **4.** – **5.** di **6.** di, da

*Exercício 3:* **1.** tutta la **2.** tutte e **3.** tutto il **4.** tutti gli **5.** tutto il **6.** tutti e

*Exercício 4:* **1.** Ieri non è arrivato nessuno dalla Spagna. **2.** Non vorrei comprare niente da mangiare. **3.** Nessuno dei miei amici sa parlare inglese. **4.** Non ho letto nessun libro di Moravia. **5.** Non mi piacerebbe andare in vacanza con nessuno di voi. **6.** Non ha nessun problema con suo marito.

*Exercício 5:* 1-c; 2-d; 3-b; 4-e; 5-a.

*Exercício 6:* A: Pronto? B: Buongiorno, signora Bertoli, sono la signora Gavoni. Come sta? A: Bene, grazie, e Lei? B: Bene. Le telefono perché vorremmo invitarLa una sera a cena da noi. A: Volentieri, quando?
B: Quando ha una serata libera? A: Dunque, al martedì vado ad un corso d'inglese, ma le altre sere sono libera. B: Le andrebbe bene venerdì? A: Sì, benissimo, a che ora? B: Alle 8.00? A: Benissimo, a venerdì, allora. B: Sì a venerdì! Arrivederci.

## Lição 29

*Exercício 1:* andrà; Partirà; Andranno; prenderanno; Staranno; Faranno; prenderanno; mangeranno; passeranno; Sarà.

*Exercício 2:* **1.** finirà **2.** verrà **3.** andranno **4.** dovrà **5.** vorrà **6.** arriverà, rimarrà **7.** torneremo **8.** si sposeranno

*Exercício 3:* serenamente; gentilmente; teneramente; difficilmente; lentamente; pigramente; velocemente; sinceramente, dolcemente.

*Exercício 4:* **1.** gentile **2.** gentilmente **3.** teneramente **4.** tenera **5.** corretta **6.** correttamente **7.** silenziosamente **8.** silenziosa **9.** allegro **10.** allegramente

*Exercício 5:* **1.** è tornata **2.** andrò **3.** andavo **4.** mi alzo **5.** era **6.** hai visto **7.** andavo, ho incontrato **8.** partirà **9.** vieni, smetti **10.** capisce

*Exercício 6:* **1.** dente, spalla, pancia, mano **2.** temporale, pioggia, vento, nuvola **3.** nozze, sposa, matrimonio, testimone **4.** serbatoio, targa, automobile, portiera

## Lição 30

***Exercício 1:*** **1.** che  **2.** cui  **3.** che  **4.** cui  **5.** che  **6.** che  **7.** cui  **8.** cui

***Exercício 2:*** **2.** la quale  **4.** della quale  **7.** la quale  **8.** il quale

***Exercício 3:*** **1.** Oggi Marisa va da un'amica che abita davanti al mio ufficio.  **2.** Federica ha molti mobili antichi che ha comprato a Londra.  **3.** Andiamo a casa di una mia collega che è appena tornata dalle vacanze.  **4.** Ieri ho perso l'ombrello che tu mi hai regalato a Natale.  **5.** Stamattina ho incontrato Marco che mi ha invitato a cena.  **6.** Alessandra prende il treno che parte alle ore 6.50.

***Exercício 4:*** 1-b; 2-c; 3-a; 4-e; 5-f; 6-d.

***Exercício 5:*** chiaro – scuro; presto – tardi; veloce – lento; difficile – facile; allegro – triste; poco – tanto; bene – male; dolce – amaro.

## Vocabulário

Aqui está todo o vocabulário que você encontrou ao longo deste livro.

**A**

| | |
|---|---|
| a base di | à base de |
| a buon mercato | barato, a bom preço |
| a casa | em casa |
| a causa di | por causa de |
| a dire la verità | para ser honesto, para dizer a verdade |
| a disposizione | à disposição |
| a notte | a/por noite |
| a piedi | a pé |
| a più tardi | até mais tarde |
| a posto | em ordem, OK |
| a presto | até logo |
| a proposito | a propósito |
| a righe | listrado |
| abbastanza | o suficiente, o bastante |
| abbigliamento *m* | roupa, confecção |
| abbronzato | bronzeado |
| abitare | morar, habitar |
| abito da sposa *m* | vestido de noiva |
| accanto a | além do mais |
| accendere | ligar, acender |
| accessorio *m* | acessório |
| accidenti! | Que droga! |
| accompagnare | acompanhar |
| accostare | aproximar-se |
| aceto *m* | vinagre |
| ACI | Automóvel Clube da Itália |
| acqua *f* | água |
| acqua minerale naturale *f* | água mineral natural |
| addormentarsi | adormecer |
| adesso | agora |
| aereo *m* | avião |
| affascinante | encantador |
| affittare | alugar |
| affitto *m* | aluguel |
| aggiungere | adicionar |
| agosto *m* | agosto |
| aiutare | ajudar |
| aiuto *m* | ajuda |
| albicocca *f* | damasco |
| alcuni | alguns, poucos |
| alfabeto *m* | alfabeto |
| all'aperto | ao ar livre |
| alla salute | Saúde! |
| alla stazione | na estação |
| allegro | alegre |
| allora | então |
| almeno | ao menos |
| alto | alto |
| altrettanto | para você também |
| altrimenti | caso contrário, senão |
| altro | outro |
| alzarsi | levantar-se |
| amare | amar |
| amaro | amargo |
| ambientarsi | ambientar-se |
| ambiente *m* | ambiente |
| America *f* | América |
| americano | americano |
| amicizia *f* | amizade |
| amico *m* | amigo (masculino) |
| ammorbidire | amolecer |
| anch'io | eu também |
| anche | também |
| ancora | ainda |
| andare | ir, dirigir |
| andare via | sair, deixar |
| andara e ritorno | bilhete de ida e volta |
| andiamo | vamos |
| angelo *m* | anjo |
| angolo *m* | esquina |
| angora *f* | lã angorá |
| animale *m* | animal |
| anni trenta | anos trinta |
| anno *m* | ano |
| annoiarsi | chatear-se |
| annuncio pubblicitario *m* | anúncio |
| antico | velho, antigo |
| antifurto *m* | dispositivo antifurto |
| antipatico | antipático |
| anzi | ao contrário |
| apparecchiare | aparelhar |
| appetito *m* | apetite |

# Vocabulário

| | |
|---|---|
| appuntamento *m* | encontro, compromisso |
| aprile *m* | abril |
| aprire | abrir |
| arancia *f* | laranja |
| architetto *m* | arquiteto |
| argentino *m* | argentino |
| aria *f* | ar |
| arrabbiato | bravo, zangado |
| arrivare | chegar |
| arrivederci | adeus |
| arrosto *m* | assado |
| asciugamano *m* | toalha |
| ascoltare | ouvir, escutar |
| asilo nido *m* | creche |
| asparago *m* | aspargo |
| aspettare | esperar |
| aspirina *f* | aspirina |
| assaggiare | tentar, experimentar |
| assolutamente | absolutamente |
| attendere | atender |
| attento | atento |
| attenzione *f* | atenção, cuidado |
| attimo *m* | momento |
| attore *m*/attrice *f* | ator/atriz |
| augurio *m* | desejo, voto |
| austriaco *m* | austríaco |
| autobus *m* | ônibus |
| autunno *m* | outono |
| avanti | entre (verbo) |
| avere | ter |
| avere voglia | ter vontade de |
| avventura *f* | aventura |
| azzurro | azul |

## B

| | |
|---|---|
| bacione *m* | beijão |
| baffi *m pl* | bigode |
| balcone *m* | balcão |
| ballare | dançar |
| bambino *m* | menino |
| bambola *f* | boneca |
| banana *f* | banana |
| banca *f* | banco |
| bar *m* | (café) bar |
| barca *f* | barco, canoa |
|   barca a vela *f* | barco a vela |
| basso | baixo |
| bastare | bastar, ser suficiente |
| batteria *f* | bateria |
| battesimo *m* | batismo |
| beige | bege |
| bene | bem, OK |
| benissimo | excelente |
| benvenuto | bem-vindo |
| benzina *f* | gasolina |
| benzinaio *m* | frentista |
| bere | beber |
| bianco | branco |
| bibita *f* | bebida |
| biblioteca *f* | biblioteca |
| bicicletta *f* | bicicleta |
| biglietto *m* | bilhete, tíquete |
| biondo | loiro |
| birra *f* | cerveja |
| birreria *f* | cervejaria, bar |
| biscotto *m* | biscoito, bolacha |
| bisogna | precisa |
| blu | azul |
| bocca *f* | boca |
| bollire | ferver |
| bomboniera *f* | caixa de doces (lembrança de casamentos e batizados) |
| borsa *f* | bolsa |
| bottiglia *f* | garrafa |
| braccio *m* | braço |
| bravo | bom |
| broccolo *m* | brócolis |
| bruciare | queimar |
| brutto | feio |
| budino *m* | pudim |
| buonanotte | boa noite |
| buonasera | boa noite |
| buongiorno | bom dia, olá |
| buono | bom |
| bustina *f* | envelope |

## C

| | |
|---|---|
| cabina telefonica *f* | cabine telefônica |
| caffè *m* | café |
| calcio *m* | futebol |
| caldo | quente |
| cambiare | mudar, trocar |
| camera doppia *f* | quarto duplo |
| camera matrimoniale *f* | quarto de casal |
| camera singola *f* | quarto de solteiro |
| cameriera *f* | garçonete |
| cameriere *m* | garçom |
| camicetta *f* | blusa |

## Vocabulário

| | |
|---|---|
| camicia f | camisa |
| camminare | andar, ir a pé |
| camoscio m | camurça |
| campionario m | catálogo de amostras |
| campo m | campo |
| canale m | canal |
| candela f | vela |
| cane m | cachorro |
| cantante m/f | cantor/cantora |
| cantare | cantar |
| caotico | caótico |
| capello m | cabelo |
| capire | entender, compreender |
| capo m | chefe, patrão |
| cappotto m | casaco |
| cappuccino m | café (com leite espumante) |
| Caraibi m pl | Caribe |
| caramella f | bala |
| carino | gentil, muito querido |
| carne f | carne |
| caro | querido |
| carota f | cenoura |
| carte f pl | cartas |
| cartolina f | cartão-postal |
| casa f | casa |
|   casa in affitto f |   casa para alugar |
| casalinga f | dona de casa |
| cassetto m | gaveta |
| cattivo | ruim, mau |
| cellulare m | celular |
| cena f | ceia, jantar |
| cenare | jantar, cear |
| centro m | centro |
| cercare di | tentar |
| cerchio m | círculo |
| cerotto m | curativos |
| certamente | certamente |
| certo | certo, correto |
| cestino m | cesto |
| che | o qual/quem/que |
|   Che bello! |   Que bom! |
|   che cosa |   o que |
|   Che fortuna! |   Que sorte! |
|   Che ora è? |   Que horas são? |
|   Che sorpresa! |   Que surpresa! |
| chi | quem |
| chiacchierare | conversar, fofocar |
| chiamarsi | chamar-se |
| chiaro | claro |
| chiedere | perguntar |
| chiesa f | igreja |
| chilo m | quilo(grama) |
| chirurgo m | cirurgião |
| chissà | quem sabe |
| chitarra f | guitarra, violão |
| chiudere | fechar |
| chiuso | fechado |
| ci | lá, ali |
| ci vediamo | nos veremos |
| ci vuole/ci vogliono | você precisa de |
| ciao | olá, tchau |
| cielo m | céu |
| ciliegia f | cereja |
| cin-cin | saúde!/tim-tim |
| cinema m | cinema |
| cinese | chinês |
| cioccolata f | chocolate quente |
| cipolla f | cebola |
| circa | aproximadamente |
| città f | cidade |
| classe f | classe |
| classico | clássico |
| cofano m | capô |
| cognata f | cunhada |
| cognato m | cunhado |
| cognome m | sobrenome |
| colazione f | café da manhã |
| colla di pesce f | gelatina em folha |
| collega m/f | colega |
| collezione f | coleção |
| collo m | pescoço |
| colore m | cor |
| coltello m | faca |
| come | como |
|   Come stai/sta? |   Como vai você? (informal/formal) |
| cominciare | começar |
| commedia f | comédia |
| commissione f | comissão |
| comodo | confortável |
| compito m | lição de casa |
| compleanno m | aniversário |
| comprare | comprar |
| comprendere | compreender, entender |
| compreso | inclusive |
| comunale | municipal |
| con | com |
|   con me |   comigo |
| concerto m | concerto |
| condire | preparar, temperar |

## Vocabulário

| | |
|---|---|
| confermare | confirmar |
| confetto *m* | doce |
| conoscere | conhecer, vir a conhecer |
| conoscersi | conhecer-se |
| consigliare | aconselhar |
| consiglio *m* | conselho |
| contadino *m* | fazendeiro, agricultor |
| contento | contente |
| continuare | continuar |
| conto *m* | conta (em restaurante) |
| contro | contra, para |
| controllare | controlar |
| coperto | nublado, encoberto |
| corretto | correto, certo |
| corso *m* | curso, classes |
| corto | curto |
| cosa *f* | coisa |
| così | assim |
| costare | custar |
| costoso | caro |
| costume da bagno *m* | roupa de banho |
| cotto | cozido |
| credere | acreditar |
| crema da sole *f* | protetor solar |
| cucchiaio *m* | colher |
| cucinare/cuocere | cozinhar |
| cugino *m* | primo |
| cuoco *m* | cozinheiro |

### D

| | |
|---|---|
| d'accordo | de acordo |
| da queste parti | nesta área |
| da solo | sozinho |
| da tre anni | há/faz três anos |
| Dai! | Vamos lá! |
| dal... al... | de... para... |
| dare | dar |
|   dare (al cinema) | exibir (no cinema) |
|   dare soddisfazione | agradar (alguém) |
|   dare un ricevimento | dar uma recepção |
|   dare un'occhiata | dar uma olhada |
| data *f* | data |
|   data di nascita *f* | data de nascimento |
| davanti a | antes de |
| decidere (di) | decidir |
| decorare | decorar |
| dente *m* | dente |
| dentifricio *m* | creme dental |
| dentista *m/f* | dentista |
| dentro | dentro |
| depressione *f* | depressão |
| depresso | deprimido |
| desiderare | desejar |
| d'estate | no verão |
| d'inverno | no inverno |
| di | de |
|   di buon'umore | de bom humor |
|   di corsa | correndo |
|   di fianco a | próximo a |
|   di fronte a | em frente a |
|   di nascosto | secretamente |
|   di persona | pessoalmente |
|   di sicuro | certamente |
|   di solito | normalmente |
| diario *m* | diário |
| dicembre *m* | dezembro |
| dieta *f* | dieta |
| dietro a | atrás |
| difficile | difícil |
| dimagrire | emagrecer |
| dimenticare | esquecer |
| dintorni *m pl* | entorno |
| dipingere | pintar |
| dire | dizer |
| direttamente | diretamente |
| direttore *m* | diretor |
| discoteca *f* | discoteca, danceteria |
| disinserire | desligar |
| disordine *m* | desordem |
| disperato | desesperado |
| disperazione *f* | desespero |
| disponibile | disponível |
| disturbare | perturbar |
| disturbi *m pl* | distúrbios, sintomas |
| disturbo *m* | perturbação |
| dito *m* | dedo |
| ditta *f* | empresa |
| diventare | tornar-se |
| diverso | diferente |
| divertente | divertido |
| divertirsi | divertir-se |
| divieto di sosta | proibido estacionar |
| dizionario *m* | dicionário |
| doccia *f* | ducha |
| dolce *m* | doce |
| dolcissimo | dulcíssimo |
| domani | amanhã |
| domenica *f* | domingo |
| dopo | depois |

## Vocabulário

| | |
|---|---|
| dormire | dormir |
| dottore *m* | doutor, clínico geral |
| dove | onde |
| dovere | ter que, dever |
| dritto | direto em frente |
| dunque | bem então |
| durante | durante |

**E**

| | |
|---|---|
| e | e |
| e così via | e assim por diante |
| ecco | aqui/lá está |
|   eccoci | aqui estamos |
|   eccola | aqui está ela |
| economia *f* | economia |
| ed | e |
| edicola *f* | banca de jornais ou de revistas |
| efficace | eficaz |
| elegante | elegante |
| emigrare | emigrar |
| emozionato | emocionado |
| emozione *f* | emoção |
| entrare | entrar |
| erba *f* | grama |
| esame *m* | exame, teste |
| espresso *m* | expresso |
| essere | ser |
|   essere fortunato | ser sortudo |
|   essere in ritardo | estar atrasado |
|   essere raffreddato | estar resfriado |
| estate *f* | verão |
| etto *m* | 100 gramas |
| euforia *f* | euforia |
| euforico | eufórico |
| Europa *f* | Europa |

**F**

| | |
|---|---|
| fa freddo | faz/está frio |
| fa caldo | faz/está calor |
| facile | fácil |
| facilmente | facilmente |
| fame *f* | fome |
| famiglia *f* | família |
| famoso *f* | famoso |
| fare | fazer |
|   far bene | fazer bem |
|   far piacere | gostar |
|   fare amicizia | fazer amizade |
|   fare attenzione | prestar atenção, tomar cuidado |
|   fare il pieno | encher |
|   fare la doccia | tomar uma ducha |
|   fare la maglia | fazer a mala |
|   fare la spesa | fazer compras |
|   fare le vacanze | sair de férias |
|   fare quattro salti | sair para dançar |
|   fare un giro per negozi | dar uma volta pelas lojas |
| farmacia *f* | farmácia |
| farmacista *m*/*f* | farmacêutico |
| faro *m* | farol |
| faticoso | cansativo |
| fattore protettivo *m* | fator de proteção solar |
| fattoria *f* | fazenda |
| favola *f* | história |
| favore *m* | favor |
| febbraio *m* | fevereiro |
| febbre *f* | febre |
| felice | alegre, contente |
| felicità *f* | felicidade |
| ferie *f pl* | férias |
| festa *f* | festa |
| festeggiare | festejar, celebrar |
| fidanzato | noivo (estar noivo) |
| fidanzato *m* | noivo |
| figlia *f* | filha |
| figlio *m* | filho |
| film *m* | filme |
| finalmente | finalmente |
| fine *f* | fim |
| finestra *f* | janela |
| finire | terminar |
| fino a | até |
| fiore *m* | flor |
| focaccia *f* | massa grossa de pizza |
| forchetta *f* | garfo |
| forno *m* | forno |
| forse | talvez |
| forte | forte |
| fortuna *f* | fortuna |
| foto *f* | foto |
| fotografia *f* | fotografia |
| fra | entre |
| fragola *f* | morango |
| frana *f* | desastre, catástrofe |
| francese | francês |
| francobollo *m* | selo postal |
| fratello *m* | irmão |
| freno *m* | freio, breque |
|   freno a mano *m* | freio de mão |
| frequentare | visitar |

## Vocabulário

| | |
|---|---|
| fresco | fresco |
| fretta *f* | correria, pressa |
| frutta *f* | fruta |
| fruttivendolo *m* | fruteiro |
| fumare | fumar |
| funzionare | funcionar |
| fuoco *m* | fogo |

### G

| | |
|---|---|
| galleria *f* | galeria |
| gamba *f* | perna |
| gatto *m* | gato |
| gelatina *f* | gelatina |
| gelato misto *m* | sorvete de vários sabores |
| gemello *m* | gêmeo |
| genere *m* | gênero, tipo |
| genitori *m pl* | pais |
| gennaio *m* | janeiro |
| Genova *f* | Gênova |
| gentile | gentil, amigável |
| gettone | ficha telefônica |
| già | já |
| giacca *f* | casaco |
| giallo | amarelo |
| giapponese | japonês |
| giardino *m* | jardim |
| ginecologo *m* | ginecologista |
| ginnastica *f* | ginástica |
| ginocchio *m* | joelho |
| giocare | jogar |
|   giocare a pallavolo | jogar vôlei |
|   giocare a tennis | jogar tênis |
| giornata *f* | dia, jornada |
| giorno *m* | dia |
| giovane | jovem |
| giovedì *m* | quinta-feira |
| giovinezza *f* | juventude |
| girare | girar |
| giro *m* | volta, giro |
| gita *f* | passeio |
| giugno *m* | junho |
| giusto | correto, certo |
| goccia *f* | gota, pingo |
| golf *m* | golfe |
| gonna *f* | saia |
| grammo *m* | grama |
| grazie | obrigado(a) |
|   grazie mille | muito obrigado(a) |
| Grecia *f* | Grécia |
| grigio | cinza |
| grissino *m* | palitinho (aperitivo) |
| gruppo *m* | grupo |
| guadagnare | ganhar |
| guardare | olhar, ver |
| guasto *m* | estragado, quebrado |
| guerra *f* | guerra |
| guidare | guiar, dirigir |
| gusto *m* | gosto |

### H

| | |
|---|---|
| ha 83 anni | ele/ela tem 83 anos |
| hai proprio ragione | você está absolutamente certo(a) |

### I

| | |
|---|---|
| ideale | ideal |
| ieri | ontem |
| il tempo vola | o tempo voa |
| imbarazzato | embaraçado, constrangido |
| imbarazzo *m* | embaraço |
| imparare | aprender |
| impegnativo | absorvente |
| impegno *m* | compromisso |
| impiegato *f* | empregado |
| in fretta | correndo, rápido |
| in mezzo a | em meio a, no meio de |
| in montagna | nas montanhas |
| in ogni caso | em todo caso |
| in questi giorni | nesses dias |
| in tinta unita | de uma só cor |
| incontrare | encontrar |
| incontrarsi | encontrar-se |
| inconveniente *m* | inconveniente |
| infermiera *f* | enfermeira |
| informarsi | informar-se |
| informazione *f* | informação |
| inglese | inglês |
| iniziare | começar |
| inizio *m* | começo |
| innamorato (di) | apaixonado (por) |
| innanzitutto | em primeiro lugar |
| insalata *f* | salada |
| insegnante *m/f* | professora |
| insieme | junto |
| intendere | pretender |
| intensivo | intensivo |
| intenzione *f* | intenção |
| interessante | interessante |

## Vocabulário

| | |
|---|---|
| interessare | interessar |
| interesse *m* | interesse |
| inutile | inútil |
| invalido *m* | portador de deficiência |
| invece | em vez de, por outro lado |
| inverno *m* | inverno |
| invitare | convidar |
| invitato *m* | convidado |
| invito *m* | convite |
| isola *f* | ilha |
| italiano | italiano |

**L**

| | |
|---|---|
| l'altro ieri | anteontem |
| là | lá |
| lago *m* | lago |
| lampada *f* | lâmpada |
| lana *f* | lã |
| lasagne *f pl* | lasanha |
| lasciare | deixar (para trás) |
| latte *m* | leite |
| lattina *f* | latinha |
| lavanderia *f* | lavanderia |
| lavare | lavar |
| lavarsi | lavar-se |
| lavorare | trabalhar |
|   lavorare come | trabalhar como |
| leggere | ler |
| lento | lento |
| lettera *f* | carta |
| lezione *f* | lição |
| lì | lá |
| libero | livre |
| libertà *f* | liberdade |
| libreria *f* | livraria |
| libro *m* | livro |
| liceo *m* | escola secundária, ensino médio |
| lingua *f* | língua |
| lista *f* | lista |
| litigare | litigar, brigar, discutir |
| litro *m* | litro |
| lo stesso | o mesmo, igual |
| locale *m* | restaurante, bar |
| luglio *m* | julho |
| luna *f* | lua |
| lunedì *m* | segunda-feira |
| lungo | longo |
| luogo *m* | lugar |
|   luogo di nascita *m* | local de nascimento |

**M**

| | |
|---|---|
| ma | mas |
| Ma figurati! | Ah, imagine! |
| macchina *f* | carro |
|   macchina da scrivere *f* | máquina de escrever |
|   macchina da corsa *f* | carro de corrida |
| macellaio *m* | açougueiro |
| macelleria *f* | açougue |
| magari | talvez |
| maggio *m* | maio |
| maglia *f* | malha |
| maglione *m* | blusão, blusa |
| mai | nunca |
| mal di gola *m* | dor de garganta |
| male | mal |
| male *m* | dor, mal |
| malinconia *f* | melancolia |
| malinconico | melancólico |
| malissimo | muito mal |
| mamma *f* | mãe |
| mancare | falhar, errar |
| mancia *f* | gorjeta |
| mandare | mandar |
| mangiare | comer |
|   mangiare di gusto | comer com gosto |
| mano *f* | mão |
| mare *m* | mar |
| marito *m* | marido |
| marmellata *f* | geleia |
| marrone | marrom |
| martedì *m* | terça-feira |
| marzo *m* | março |
| massaggio *m* | massagem |
| matita *f* | lápis |
| matrimonio *m* | casamento |
| mattina *f*/mattino *m* | manhã (cedo) |
| maturità *f* | exame final do ensino médio |
| maturo | maduro |
| mazzo *m* | buquê (flores) |
| media | (*aqui:*) meio litro de cerveja |
| medicina *f* | remédios, drogas |
| medicinale *m* | medicinal, medicamento |

# Vocabulário

| | |
|---|---|
| medico *m* | médico |
| meglio | melhor |
| melanzana *f* | berinjela |
| meno | menos |
| meno male | menos mal |
| mensa *f* | refeitório |
| mentre | enquanto |
| meraviglioso | maravilhoso |
| mercato *m* | mercado |
| mercoledì *m* | quarta-feira |
| mese *m* | mês |
| messaggio *m* | mensagem |
| messicano | mexicano |
| metropolitana *f* | metrô |
| mettere | pôr, colocar |
|   mettersi a dieta | fazer dieta |
| mezz'ora | meia hora |
| mezzanotte *f* | meia-noite |
| mezzo | meio |
| mezzogiorno *m* | meio-dia |
| mi dispiace | me desculpe |
| militare *m* | militar |
| minestrone *m* | sopa de vegetais |
| minuto *m* | minuto |
| mio | meu |
| miracolo *m* | milagre |
| moda *f* | moda |
| modello *m* | modelo |
| moderno | moderno |
| moglie *f* | esposa |
| moltissimo | muitíssimo |
| molto | muito |
| momento *m* | momento |
| mondo *m* | mundo |
| montagna *f* | montanha |
| morire | morrer |
| motore *m* | motor |
| movimentato | (aqui:) excitante |
| mulino *m* | moinho |
| museo *m* | museu |
| musica *f* | música |
|   musica lirica *f* | música lírica |
| muso *m* | focinho |

## N

| | |
|---|---|
| nascere | nascer |
| nascita *f* | nascimento |
| nascondersi | esconder-se |
| naso *m* | nariz |
| Natale *m* | Natal |
| natura *f* | natureza |
| naturalmente | naturalmente |
| ne | (refere-se a pessoa, coisa ou frase expressa antes e nem sempre é traduzido) |
| neanche | nem sequer |
| nebbia *f* | neblina |
| necessario | necessário |
| negozio *m* | loja |
| nemmeno | nem mesmo |
| neppure | nem mesmo |
| nero | preto |
| nervoso | nervoso |
| nessuno | ninguém |
| nevicare | nevar |
| niente | nada |
|   niente di speciale | nada de especial |
| nipote *m/f* | neto, sobrinho(a) |
| no | não |
| noce *f* | noz |
| noioso | chato |
| nome *m* | nome |
| non | não |
|   non ancora | ainda não |
|   non c'è male | não está mal, tudo bem |
|   non fa per me | (aquilo) não é para mim |
|   non importa | não importa, não tem problema |
|   non lo so | eu não sei |
|   non nessuno | nenhum |
|   non vedo l'ora | mal posso esperar |
| nonna *f* | avó |
| nonni *m pl* | avós |
| nonno *m* | avô |
| normale | normal |
| nostalgia *f* | saudade |
| notizia *f* | notícia |
| notte *f* | noite |
| novembre *m* | novembro |
| nozze *f pl* | casamento, núpcias |
| nulla | nada |
| numero *m* | número |
| nuotare | nadar |
| nuoto *m* | natação |
| nuovo | novo |
| nuvola *f* | nuvem |
| nuvoloso | nublado |

## O

| | |
|---|---|
| o | ou |

# Vocabulário

| | |
|---|---|
| occhiali da sole m pl | óculos de sol |
| occhiata f | olhada |
| occhio m | olho |
| occupato | ocupado |
| oculista m/f | oftalmologista |
| officina f | oficina |
| offrire | oferecer |
| oggi | hoje |
| ogni | todos |
| ognuno | cada (um) |
| olio m | óleo |
| oltre a | exceto |
| ombrello m | sombrinha, guarda-chuva |
| omeopatico | homeopático |
| onomastico m | dia do nome (santo) |
| opera f | ópera |
| opinione f | opinião |
| oppure | ou |
| ora | agora |
| ora f | hora |
| ora di punta f | hora do rush |
| orario m | horário |
| orario di apertura m | horário de abertura |
| orecchio m | orelha |
| organizzare | organizar |
| ormai | agora/enfim |
| orologio m | relógio |
| ospedale m | hospital |
| ottimo | excelente |
| ottobre m | outubro |

## P

| | |
|---|---|
| pacco m | pacote |
| padella f | frigideira |
| paese m | campo |
| pagare | pagar |
| palestra f | academia |
| palla f | bola |
| pancia f | abdome, barriga |
| pane m | pão |
| panetteria f | padaria |
| panna f | creme de leite/nata |
| pantaloni m pl | calças |
| papà m | pai |
| parabrezza m | para-brisa |
| paraurti m | para-choque |
| parcheggiare | estacionar |
| parcheggio m | estacionamento |
| parco m | parque |
| parecchio | bastante, muito |
| parlare | falar |
| parrucchiere m | cabeleireiro |
| partire | partir |
| partita f | jogo, partida |
| Pasqua f | Páscoa |
| passaporto m | passaporte |
| passare | passar (tempo), conectar com |
| passare a prendere | buscar |
| passeggiata f | passeio |
| pasta f | massa |
| pasticceria f | doceria |
| pastiglia f | comprimido |
| pasto m | refeição |
| patata f | batata |
| patente f | carteira de motorista |
| paura f | medo |
| pausa f | pausa, intervalo |
| pazienza f | paciência |
| pecora f | carneiro |
| pecorella f | ovelha |
| pediatra m/f | pediatra |
| peggio | pior |
| pelle f | couro |
| pendolare m | usuário de transporte público |
| pensare | pensar |
| pensionato m | aposentado |
| pensione f | pensão, aposentadoria |
| pentola f | panela |
| pepe m | pimenta |
| peperone m | pimentão |
| per cena | para jantar |
| per favore | por favor |
| per il viaggio | por causa da viagem |
| per questo | por isso |
| perché | por que, porque |
| perdere | perder |
| perdonare | perdoar |
| perfetto | perfeito |
| pericoloso | perigoso |
| periodo m | período |
| permesso | posso? |
| però | mas |
| persistere | persistir |
| persona f | pessoa |
| pesante | pesado |
| pescatore m | pescador |
| pesce m | peixe |
| petto m | peito |

# Vocabulário

| | | | |
|---|---|---|---|
| piacere | gostar, prazer em conhecer | prete *m* | padre |
| pianoforte *m* | piano | prezzo *m* | preço |
| piatto *m* | prato | prima | antes |
| piazza *f* | praça | prima colazione *f* | café da manhã |
| piccolo | pequeno | prima comunione *f* | primeira comunhão |
| pigro | preguiçoso | primavera *f* | primavera |
| pioggia *f* | chuva | primo *m* | (aqui:) primeiro prato |
| piombo *m* | chumbo | problema *m* | problema |
| piovere | chover | professore *m* | professor |
| piscina *f* | piscina | progetto *m* | projeto, plano |
| pisello *m* | ervilha | programma *m* | programa |
| più | mais | proibire | proibir |
| più veloce | mais rápido | promettere | prometer |
| piuttosto | o mais, mais | pronto | pronto, alô (no telefone) |
| pizza *f* | pizza | proprio | próprio, exato |
| pneumatico *m* | pneu | prosciutto *m* | presunto |
| pochissimo | pouquíssimo | prossimo | próximo |
| poco | um pouco | protestare | protestar |
| polizia *f* | polícia | provare | provar, experimentar |
| pomeriggio *m* | tarde | pulire | limpar |
| pomodoro *m* | tomate | puntuale | pontual |
| ponte *m* | ponte | pure | mesmo que, também, até |
| popolare | popular | purtroppo | infelizmente |
| porcellino *m* | porquinho | | |
| portare | levar, trazer, carregar | **Q** | |
| portare fuori | levar para fora | quaderno *m* | caderno |
| portiera *f* | portão | qualche | qualquer, algum |
| posata *f* | talher | qualche volta | às vezes |
| posta *f* | correio | qualcosa | alguma coisa |
| posto *m* | local | qualcuno | alguém |
| potere | estar apto a/ter permissão para | quale | qual |
| povero | pobre | quando | quando, se |
| poverino | pobrezinho | quanto | quanto |
| pranzare | almoçar | Quant'è? | quanto custa? |
| pranzo *m* | almoço | Quanto Le devo? | quanto lhe devo? |
| praticare | praticar, exercitar | quartiere *m* | bairro |
| pratico | prático | questo/questa | este/esta |
| precedente | precedente | qui | aqui |
| preferire | preferir | qui vicino | próximo |
| preferito | favorito | | |
| prego | de nada, é um prazer, por favor | **R** | |
| | | rabbia *f* | raiva |
| prendere | tomar | racchetta *f* | raquete de tênis |
| prendere il sole | tomar sol | raccontare | dizer, narrar |
| prenotare | reservar | radio *f* | radio |
| preparare | preparar | raffreddare | resfriar |
| presentare | apresentar | raffreddore *m* | gripe |
| pressione *f* | pressão | ragazza *f* | garota, moça |
| presto | logo, depressa | ragazzo *m* | rapaz, jovem |

## Vocabulário

| | | | |
|---|---|---|---|
| raramente | raramente | Sardegna f | Sardenha |
| regalare | dar (de presente) | sbagliare | errar, cometer erro |
| regalo m | presente | sbagliare strada | perder-se no caminho |
| regista m/f | diretor (cinema) | | |
| regolare | regular | scala f | escada |
| restare | ficar | scaldare | aquecer |
| ricamare | bordar | scappare | fugir, escapar |
| ricco | rico | scarpa f | sapato |
| ricetta f | receita | scarpa da ginnastica f | tênis |
| ricevimento m | recepção | | |
| richiamare | ligar de volta | scegliere | escolher, selecionar |
| riconoscere | reconhecer | scena f | cena |
| ricordo m | memórias, recordações | scherzare | brincar |
| ridotto | entrada com desconto | schiena f | costas |
| rilassante | relaxante | sci m | esqui |
| rimandare | postergar | sciare | esquiar |
| rimanere | ficar | sciocco | estúpido |
| ringraziare | agradecer | sciroppo m | xarope |
| rionale | local, regional | sconto m | desconto, redução |
| ripetere | repetir | scontrino fiscale m | nota/recibo fiscal |
| riposarsi | repousar, descansar | scoppiare | estourar, explodir |
| riposo m | repouso | scoppia la guerra | a guerra estoura |
| rispondere | responder | scorso | passado |
| risposta f | resposta | scottarsi | queimar-se |
| ristorante m | restaurante | scozzese | escocês |
| ritardo m | retardar, atrasar | scritta f | inscrição |
| riunione f | encontro | scrivania f | escrivaninha |
| riuscire | ter êxito | scrivere | escrever |
| rivedere | rever/reencontrar | scrivere a macchina | escrever à máquina |
| romantico | romântico | | |
| rosa | rosa | scriversi | escrever-se, trocar correspondência |
| rosso | vermelho | | |
| rotto | quebrado | scuola f | escola |
| | | scuola elementare f | ensino fundamental |
| **S** | | scuola materna f | jardim de infância |
| sabato m | sábado | scuola media f | ensino médio |
| salare | salgar | scuola professionale f | escola profissionalizante |
| sale m | sal | | |
| salire | subir | scuro | escuro |
| salti | dançar | scusa | desculpas |
| saltimbocca alla romana f | bifes de vitela à romana | scusi | desculpe-me |
| | | secondo m | segundo, segundo prato |
| salutare | saudar | | |
| salute f | à sua saúde | secondo me | para mim |
| saluto m | saudação | sedile m | assento |
| sano | saudável | segretaria f | secretária |
| santo | santo | seguire | seguir |
| santo cielo | meu Deus do céu! | semaforo m | semáforo |
| sapere | saber | sembrare | parecer |
| saporito | gostoso, saboroso | semplice | simples |

**DUECENTOTTANTACINQUE** **285**

|  |  |
|---|---|
| sentire | ouvir, sentir |
| sentire la mancanza di qualcuno | sentir falta de alguém |
| senz'altro | definitivamente |
| senza | sem |
| senza piombo | sem chumbo |
| sera *f* | noite (início da) |
| serata *f* | noite, serão, noitada |
| serbatoio *m* | tanque de gasolina |
| serenità *f* | serenidade, harmonia |
| sereno | sereno, calmo, claro |
| servire | servir |
| seta *f* | seda |
| sete *f* | sede |
| settembre *m* | setembro |
| settimana *f* | semana |
| severo | severo |
| sfilata di moda *f* | desfile de moda |
| si | se |
| sì | sim |
| sicuramente | certamente |
| sicuro | certo, correto |
| sigaretta *f* | cigarro |
| signora *f* | mulher |
| silenzioso | silencioso, quieto |
| simpatico | simpático |
| sincero | honesto, sincero |
| smettere | parar |
| soccorso stradale *m* | serviço de assistência rodoviária |
| socio *m* | sócio |
| soddisfatto | satisfeito, contente |
| soddisfazione *f* | contentamento, satisfação |
| soldi *m pl* | dinheiro |
| solo | sozinho, somente |
| sopra | sobre |
| soprattutto | sobretudo |
| sordo | surdo |
| sorella *f* | irmã |
| sorpresa *f* | surpresa |
| sostanza *f* | substância |
| sotto | abaixo |
| sottovoce | à meia-voz |
| spagnolo | espanhol |
| spalla *f* | ombro |
| specchio *m* | espelho |
| speciale | especial |
| specialista *m/f* | especialista |
| spegnere | apagar, extinguir |
| sperare | esperar |
| spesa *f* | compras |
| spesso | frequentemente |
| spettacolo *m* | espetáculo, apresentação |
| spia *f* | luz de controle (aparelhos elétricos) |
| spiaggia *f* | praia |
| spiegare | explicar |
| splendido | esplêndido |
| sport *m* | esporte |
| sportivo | esportivo, atlético |
| sposa *f* | noiva, esposa |
| sposare/sposarsi | casar/casar-se |
| squadra *f* | time, esquadra |
| squisito | delicioso |
| stadio *m* | estádio |
| stanco | cansado |
| stanco morto | morto de cansado |
| stanza *f* | sala |
| stare | ficar, permanecer |
| stasera | esta noite |
| statua *f* | estátua |
| stazione *f* | estação de trem |
| stesso | o mesmo |
| stoffa *f* | fazenda, tecido |
| stomaco *m* | estômago |
| storia *f* | história |
| strada *f* | rua |
| strano | estranho, incomum |
| strega *f* | bruxa |
| stressarsi | estressar-se |
| studiare | estudar |
| stupendo | maravilhoso |
| subito | imediatamente |
| succedere | acontecer |
| succo di frutta *m* | suco de fruta |
| sul lago | no lago |
| sul mare | no mar |
| sull'angolo | na esquina |
| suocera *f* | sogra |
| suocero *m* | sogro |
| suonare | tocar (um instrumento) |
| supermercato *m* | supermercado |
| superstizioso | superticioso |
| supplemento *m* | suplemento |
| svedese | sueco |
| sveglia *f* | despertador |
| svegliarsi | acordar |

## Vocabulário

| | |
|---|---|
| svenire | desmaiar |
| svizzero | suíço |

### T

| | |
|---|---|
| tacco m | salto (de sapato) |
| tagliare | cortar |
| tagliatelle f pl | tagliatelle (massa) |
| tardi | tarde |
| targa f | placa |
| tavola f | mesa de jantar |
| taxi m | táxi |
| tazza f | xícara |
| teatro m | teatro |
| tedesco | alemão |
| telecomando m | controle remoto |
| telefonare | ligar, telefonar |
| telefonata f | chamada telefônica |
| telefonino m | telefone celular |
| telefono m | telefone |
| televisore m | aparelho de TV |
| tempo m | clima, tempo |
|   tempo libero m | tempo livre |
| temporale m | temporal |
| tenere | ter, segurar |
| tenero | tenro |
| terra f | terra |
| terrazza f | terraço |
| tessera f | carteira de identidade |
| test m | teste |
| testa f | cabeça |
| testimone m/f | testemunha |
| ti telefono | te telefono |
| tifoso m | fanático por futebol |
| timido | tímido |
| tipo m | tipo, gênero |
| toccare | tocar |
| tornare | voltar |
| torta f | torta |
| tovaglia f | toalha de mesa |
| tra | entre |
| tradurre | traduzir |
| traffico m | tráfico |
| traghetto m | balsa/ferryboat |
| tram m | bonde |
| tranquillo | tranquilo |
| trascorrere | transcorrer |
| trasferirsi | mover |
| trattoria f | restaurante |
| triste | triste |
| tristezza f | tristeza |
| troppo | muito |
| trovare | encontrar |
| trovarsi | ser, sentir |
| tutto | tudo, todo |
|   tutto bene | está tudo bem |
|   tutto il giorno | o dia todo |
| tv f | assistir TV |

### U

| | |
|---|---|
| uffa | poxa! |
| ufficio m | escritório |
|   ufficio postale m | agência de correio |
| ultimo | último |
| umore m | humor |
| un po' | um pouco |
|   un po' di | um pouco de |
| un sacco di | uma porção de |
| unire | juntar, adicionar |
| università f | universidade |
| uomo m | ser humano, homem |
| uovo m | ovo |
| usare | usar |
| uscire | sair |
| uso m | uso |
| utile | útil |

### V

| | |
|---|---|
| va bene | OK, está bem |
| vacanza f | férias |
| valigia f | mala |
| vanillina f | baunilha |
| vasetto m | pequeno vaso |
| vecchio | velho |
| vedere | ver, assistir |
| vedersi | ver-se |
| veloce | rápido |
| velocemente | rapidamente |
| velocità f | velocidade |
| vendere | vender |
| venerdì m | sexta-feira |
| venire | vir |
|   venire a trovare | vir visitar |
| vento m | vento |
| veramente | realmente |
| verde | verde |
| verdura f | verdura |
| verità f | verdade |
| vero | verdadeiro |
| vestirsi | vestir-se |

# Vocabulário

| | | | |
|---|---|---|---|
| **vestito** m | vestido | **vita** f | vida |
| **vestito da** | vestido de | **vitello** m | vitela |
| **vetrina** f | vitrine | **vivere** | viver |
| **viaggiare** | viajar | **volante** m | volante |
| **viaggio** m | viagem | **volare** | voar |
| **viaggio di nozze** m | lua de mel | **volentieri** | com prazer |
| **vicino** | vizinho, próximo | **volere** | querer |
| **vicino a** | perto de | **volta** f | vez |
| **vigile** m | polícia rodoviária | **vorrei** | gostaria de |
| **vigile del fuoco** m | bombeiro | **vostro** | seu |
| **villa** f | vila | | |
| **vino** m | vinho | **Z** | |
| **viola** | violeta | **zoo** m | zoológico |
| **visitare** | visitar | **zucchero** m | açúcar |
| **vista** f | vista | **zucchino** m | abobrinha |